AF724228

Ln27
20227

Ln. 20227.
27

60

MÉMOIRE

PRÉSENTÉ

A NOSSEIGNEURS

DE L'ASSEMBLÉE NATIONALE.

BIBLIOTHÈQUE NATIONALE R.F. IMPRIMÉS

Pour le ſieur VERLAC, *ci-devant Avocat au Préſidial de Niſmes, & Profeſſeur d'Anglais à l'École Royale de Marine établie à Vannes en Bretagne.*

NOSSEIGNEURS.

Si tandis qu'à l'éxemple de votre courage, la liberté déployant ſes aîles plane & s'élève au deſſus des foudres éteints de l'odieux deſpotiſme; que des élémens contraires s'uniſſent; que les veſtiges de la ſervitude s'effacent; que les préjugés ſe déracinent; que les priviléges diſparoiſſent; que la vérité triomphe; que les complots des méchans échouent; que les grands coupables fuyent; que les loix s'humaniſent & s'épurent; que l'égliſe reprend ſon éclat & ſa force primitifs; que le cahos des finances devient ſenſible au contact d'une lumière ſacrée; que la dette publique ſe conſolide; que des principes de juſtice, de bienfaiſance & d'égalité meuvent ſeuls les reſſorts de l'état; & qu'enfin les fondemens de la félicité publi-

A

Ln 27 20227

que ſe découvrent aux regards de l'humanité reconnoiſſante ; ſi, dis-je, au milieu de la contemplation extatique où doit vous plonger le ſouvenir de tant de bienfaits un homme vous apparoiſſoit portant l'innocence ſur ſon front, échappé à la fureur d'une horde ſauvage qui avec des hurlemens demandoit ſa vie, contraint de fuir de nuit, à pied, par la rigueur de l'hiver, l'affreux des chemins, le ſilence & le danger des routes, de laiſſer dans une ville étrangère où les loix ſont muettes & la perſécution ſans frein, une épouſe innocente mere & nourrice à dix ſept ans, ſeule, livrée à ſa douleur & à ſes craintes, & que tout le crime de cet époux, de ce pere, de ce citoyen patriote, de cet homme chargé d'inſtruire les enfans de l'État, fût de n'avoir pu indiquer des vues utiles ſans attaquer de vieux préjugés & de grands abus; ſi échappé aux emportemens de cette troupe égarée, couvert d'une égide divine & introduit aujourd'hui dans le ſanctuaire des loix, cet homme, dis-je, vous apparoiſſoit demandant des peines s'il eſt coupable, uſtice s'il eſt innocent, indemnité s'il a ſouffert dans ſa propriété, & protection s'il a bien mérité de la patrie. Oui, Noſſeigneurs, loin de le repouſſer, vous bruleriez.....

Je ſuis cet homme, Noſſeigneurs, qui incliné devant vous, dépoſant ma cauſe à vos pieds, & ſenſiblement affecté de retarder d'un ſeul inſtant l'édifice du bien public, ſaurai lui ſacrifier le mien propre en ne traçant que ſuccintement *mon hiſtoire*, *mes pré-*

tendus torts, ma justication, mes pertes & mes réclamations.

MON HISTOIRE.

Né à Montpellier de parens honnêtes mais peu fortunés, je fus néanmoins, comme il est d'usage, envoyé au collège de la ville, d'où, après avoir fait toutes mes études, j'allai travailler en qualité de clerc chez M^e^. Ricard, Avocat & Procureur, & je suivis depuis lors la pratique & le barreau pendant l'espace de six ans tant à Montpellier, qu'à Toulouse & à Nismes.

Ayant ensuite pris le grade d'Avocat & nul n'étant Prophète dans son pays, je m'étois fixé à Nismes où j'éxerçois ma profession depuis deux ans, lorsque le Gévaudan & le Vivarais venant à être démembrés de cette Sénéchaussée les jeunes Avocats s'y virent privés de travail.

Plein d'ambition & forcé par les circonstances, je me rendis à Paris où je travaillai pendant quelques temps chez M^e^. Armey, Procureur au Châtelet. Mais, voyant que ma fortune ne me permettoit pas de suivre l'état d'Avocat, je devins Sécrétaire d'un Seigneur étranger, & au départ de ce dernier, je passai en Hollande dans une maison d'éducation, d'où je sortis peu de tems après pour être gouverneur du Comte d'Aumale alors âgé d'environ 20 ans & faisant sa résidence à la Haie.

Mon séjour en Hollande fut de trois ans, mais la guerre civile s'y étant allumée, n'y trouvant point d'ailleurs les avantages que je m'y étois promis, & d'autre part pressé par l'amour de ma patrie, je revins à Paris muni de la recommandation de M. le Marquis de Vérac, alors Ambassadeur à la Haye (1), possédant la langue anglaise, je m'occupai à Paris pendant l'espace de deux ans de diverses traductions d'ouvrages anglois. (2)

M'étant par la suite procuré la connoissance & l'estime de M. *le Vicomte de Ponteves Gien*, Major général de la Marine, actuellement en Amérique,

---

(1). Mon dessein étant d'aller reprendre à Nismes la profession d'Avocat, M. le Marquis de Verac m'avoit donné une lettre de recommandation pour Monseigneur l'évêque de Nismes. Mais l'ayant adressée de Paris à ce Prélat pour le prevenir et le consulter, il me fit l'honneur de me répondre que les Avocats les plus vieux manquoiens à Nismes d'ouvrage, et que je ne pouvois me rien promettre de mon état, ce qui me décida à rester à Paris.

(2) *Discours sur les devoirs, les qualités et les connoissances du Médecin, avec un cours d'études traduit de l'Anglois* du Docteur Grégovy, Professeur à Édimbourg. A Paris chez Briand Libraire.

Observations sur les Hôpitaux, traduites de l'Anglois avec un discours préliminaire du traducteur sur les misères de l'humanité : même Libraire.

La connoissance de soi-même, traduite de l'Anglois, 1 Vol in 8° même Libraire. Cet ouvrage est encore sous presse.

La leçon et l'exemple, ouvrage pour l'éducation de la jeunesse. A Paris, chez Nyon l'aîné. Celui-ci est encore sous presse, car tout est suspendu, disent MM. les Libraires.

Poëmes traduits de l'Anglois, et autres Poësies, 1 Vol, in 8°, à la Haye, chez Gosse, Libraire.

& l'école royale de marine établie à Vannes en Bretagne manquant d'un professeur anglois, *M. le Vicomte de Ponteves*, *M. Bailly* aujourd'hui Maire de Paris, honorable collègue de vos glorieux travaux, ainsi que plusieurs autres personnes respectables, m'ayant honoré de leur recommandation auprès de M. *de la Luzerne*, la place me fut donnée.

Je ne connoissois la Bretagne & la petite Ville de Vannes que de nom. Je me voyois une éxistence assurée, une place analogue à mes goûts & le loisir propre à travailler; l'homme ne sauroit vivre seul. Peu ambitieux des biens de la fortune, j'épousai une demoiselle âgée de quinze ans & demi, ma compatriote, & je partis.

Arrivé à Vannes dans le mois d'Avril 1788, le deplacement & la belle saison me distraisoient en quelque sorte de la perte de la capitale; plût à Dieu l'éxercice de ma place m'en eût-il dédommagé.

A ce mot d'école militaire qui m'avoit été prononcé à Paris, je m'étois fait une idée de bon ordre, d'émulation & de moyens propres à faciliter des progrès. Je m'étois figuré enfin un établissement où je ne pouvois m'attirer que de la considération, avoir de l'agrément & me procurer des avantages. L'expérience m'offrit tout le contraire. Ici il faudroit être trop long & je risquerois même d'être soupçonné d'humeur, si je passois en revue tous les détails dont l'ensemble ne tendoit à rien moins qu'à faire de cette école une ferme uniquement lucrative pour ceux qui la régissoient, un lieu de confusion, de dissipation & de perte de temps pour les éléves & pour moi, une place où l'avilissement & l'injustice étoient mon seul partage; non par le fait des élèves, mais par celui de MM. les supérieurs ecclésiastiques.

La révolution actuelle ne se fût-elle pas opérée quoiqu'il m'en eût couté, j'avois abdiqué dans mon cœur un état si pénible dans son éxercice, si peu récompensé dans ses travaux & où mes sentimens avoient tant à souffrir. C'étoit à la fin du mois de Mars prochain, époque de l'éxamen, que j'avois fixé le tems où ramassant les débris d'un mobilier couteux, & me consolant de mes pertes, je serois revenu à Paris reclamer la bienveillance des personnes qui m'honorent de leur estime.

Mais, Nosseigneurs, c'étoit peu que de m'être arraché à mes amis & aux ressources de la Capitale, pour aller en Bretagne, habiter une Ville où la noblesse qui y abonde, ne cultivant aucune science, est fiere, méprisante & avare, où le bourgeois est pauvre, imitateur & peu instruit, une Ville où l'on ne trouve ni societé, ni cabinet littéraire, ni spectacle, ni journaux, où les principes ultramontains dominent, où le climat est affreux, l'air insalubre, les eaux dangereuses & les fievres continuelles, où les comestibles sont rares & à un prix exorbitant, où la Police est sourde, aveugle & muette, où la Municipalité n'a le talent que de vexer le public,

& sur-tout l'étranger (1). C'étoit peu que d'occuper avec constance une place à laquelle n'étoit attaché ni honneur, ni considération, ni utilité sentie, où le premier professeur de mathématique, person-

---

(1) Lorsque les Milices Nationales commencerent à se former volontairement, la Municipalité de Vannes ne manqua pas de lever la sienne. Le premier professeur de mathématique de l'Ecole-de-Marine, qui s'est jetté dans l'ancienne Municipalité à corps perdu, en y faisant grande offre de services, y fut élu capitaine; ses collegues plus heureux n'y furent que soldats : inscrit donc sur cette derniere liste, & ayant été commandé pour monter la garde, la nuit du 10 au 11 Août, ma santé n'étant pas en trop bon état, vu que je montois une autre sorte de garde; mon épouse étant nourrice depuis plus de quatre mois, et l'enfant étant sujet à des coliques; je présentai un Mémoire à la Municipalité, pour offrir, vu ma mauvaise santé, de mettre un homme à ma place, ou de payer en argent; M. le Maire, colonel de cette Milice, m'ayant répondu qu'il feroit lecture de mon Mémoire à l'Assemblée du lendemain, je regardois l'ordre comme suspendu, & m'étois couché en attendant la décision; mais cette Milice vivement affectée de ce que je n'avois pas comparu pour passer deux heures en faction, à l'issue d'un grand chemin avec un fusil sur l'épaule, où il n'y avoit rien de dans, & le reste de la nuit à battre le pavé meurtrier de la Ville de Vannes où les lanternes sont inconnues; cette Milice profondement affectée de mon défaut de comparution m'en témoigna sa sensibilité de la maniere dont il est prouvé par l'attestation suivante. Je soussigné propriétaire de la maison, où loge M. Verlac, professeur de l'Ecole de Marine, certifie que dans la nuit du 10 au 11, une escouade de gens armés se disant de la Milice Bourgeoise de Vannes, sont venus me contraindre à ouvrir la porte principale d'entrée, par où un d'eux s'est transporté devant les portes de la demeure dudit Sieur, qu'il a contraint d'ouvrir de la part du Roi, après l'avoir balottée à diverses reprises à coup de culasse de fusil, étant alors 11 heures de la nuit, à la lueur des éclairs & au bruit du tonnerre qui grondoit cette nuit. En foi de quoi, ai signé le présent, à Vannes le 12 Août 1789. J'approuve l'écriture ci-dessus. Signé *Lagorce*.

nage suffisant, s'autorisoit ainsi que MM. les supérieurs ecclésiastiques, à dispenser les éleves du Roi d'assister à mes leçons, disant que l'anglois n'étoit pas nécessaire pour être reçu dans la marine, tandis qu'on y envoyoit des externes qui se récrioient hautement, de ce qu'on les forçoit d'y venir, eux à qui l'anglois n'étoit d'aucune utilité.

C'étoit peu que d'être depuis deux ans la victime d'une injustice criante, contraint d'instruire, sans recevoir aucun salaire, *vingt* ou *trente externes*, outre les éleves du Roi; c'étoit peu de consommer ma propre substance & celle de mon épouse, puisque l'accaparement des sujets, pratiqué par MM. les supérieurs, me mettoit dans l'impossibilité de gagner un sol au-delà de mes modiques appointemens, grévés de plus de 100 liv. de retenue; c'étoit peu que de consacrer gratuitement mes veilles au public, en lui donnant des Ouvrages (1), qui, j'ose dire, méritent le suffrage de quiconque veut sincérement le bien. L'intérêt n'ayant jamais été la mesure de mes actions, je n'en poursuivois pas avec moins

(1) Arrivé à Vannes, dans le mois d'Avril 1788, j'y trouvai toute la Ville en rumeur, au sujet des prétentions des Parlemens, quant aux grands Bailliages, & au sujet de celles de la noblesse & de la Province, quant à leurs priviléges; quoique attaché à une Ecole de Marine, qui n'étoit composée que de nobles, je publiai un ouvrage *anonyme*, ayant pour titre *la Voix du Citoyen*, où je refutai leurs prétentions, & eus l'avantage de solliciter toutes les reformes qui ont eu lieu depuis et celles qui restent à faire.

d'ardeur ma carriere patriotique, & après avoir relevé les vices de l'éducation pratiquée de nos jours; après avoir frayé une route nouvelle, en indiquant comment il convenoit d'instruire *toutes les classes de citoyens*, ministres des autels, de Thémis, disciples d'Hipocrate, artistes, commerçans, guerriers, marins, homme d'état, peuples & femmes de la Ville & de la Campagne; après avoir mis sous les yeux du François, & à la suite de mon Ouvrage, ce que pense l'Anglois *de la liberté en général, de la liberté civile & des principes du Gouvernement*; roulant dans mon cœur le hardi projet de chanter la *France Régénérée*; heureux de me voir époux, pere, citoyen, & atteint moins que tant d'autres de la calamité publique; tandis que je m'occupois à ramasser les matériaux du vaste monument que projettoit mon imagination; voilà que tout-à-coup une proscription excitée par le despotisme local, ou peut-être par des décrets impénétrables, proclamée par une jeunesse, aussi prompte à s'égarer, que facile à séduire, mue par la force de préjugés antiques, & soutenue par les instigations de cet amour-propre, toujours dangereux lorsqu'il se croit offensé, encouragée enfin par l'exemple du moment, leve sur ma tête le bras de mille furieux; ainsi sous un autre Pôle, a t-on vu ce célebre & hardi navigateur, l'illustre & malheureux *Cook* tomber sous le fer des Sauvages, à qui il ne méditoit que d'apporter des secours, des lumieres, une nouvelle vie, & sur-tout cette raiſon vraie & ſublime, bien préférable au plus doux des inſtincts.

Ce fut, Noſſeigneurs, le quatrieme jour de l'année que nous commençons, que je devins l'objet de cette inſurrection, auſſi incalculable que peu méritée; il étoit *ſix heures*, & les ombres de la nuit couvroient déjà la terre, lorſque des clameurs ſéditieuſes & non interrompues attirant mes regards, je vois à travers ma fenêtre une cohue de plus de ſix cens écoliers, qui, attroupés bientôt au-devant de la maiſon que j'occupois, maiſon iſolée du reſte de la Ville, ſe précipite & gagne en foule l'eſcalier. J'étois alors avec mon épouſe, qui tenoit ſon enfant ſur les bras & une vieille femme qui nous ſervoit. Je me hâte de fermer la porte d'entrée & les fenêtres qui donnoient ſur un balcon, dont le paſſage étoit ouvert & public. Mon épouſe attirée auſſi par ce bruit, étoit dans la chambre à coucher, qui formoit, dans l'appartement, une ſeconde piece qu'on pouvoit fermer à clef; je l'y renferme & moi auſſi. Alors ſe firent entendre ces cris à jamais flétriſſans pour ceux de la bouche de qui ils ſortoient, *Verlac, Verlac, il faut le pendre, il faut le tuer, il faut le jetter à l'eau, qu'il paroiſſe*, &c. &c. cris accompagnés de coups de pied redoublés, dont une partie de cette cohorte ou méchante, ou frénétique, ou criminelle, ou inſenſée, frappoit, ſecouoit, faiſoit retentir & ébranloit tant la porte d'entrée, que celle de mes fenêtres, donnant ſur le balcon. Ils auroient eu deux portes à mettre bas; mais comme la chambre à coucher étoit très-petite, & que la porte en étoit ſolide, je craignois peu d'un côté, & de l'autre, armé d'une piece de bois, j'étois décidé, en cas d'irruption, à vendre cher ma vie, & à coup-sûr un grand nombre ſeroit reſté ſur la place. Maintenant peignez-vous, Noſſeigneurs, s'il eſt poſſible les alarmes, la douleur, les angoiſſes, les frayeurs & les évanouiſſemens d'une femme qui n'a pas dix-ſept ans, épouſe, mere, nourrice, tenant ſon enfant ſur les bras, tantôt le repoſant ſur ſes genoux, & tantôt ſur ſon lit; & comme cette troupe ſauvage n'ignoroit pas que cette mere intéreſſante étoit alors dans la maiſon, jugez de ſon caractere féroce & brutal, puiſque malgré les repréſentations de pluſieurs perſonnes, cette horde farouche ne voulut jamais déſemparer la maiſon, dont elle avoit inveſti les iſſues, & que depuis ſix heures du ſoir juſqu'à dix, elle n'a ceſſé de crier, de heurler, de rugir, approuvant ou rejettant les divers *motions*, revenant pluſieurs fois à la charge pour enfoncer les portes; n'accordant un inſtant de calme que pour redoubler de fureur, & enfin preſſée par la faim, ne ſe retirant qu'avec promeſſe de revenir le lendemain avant le jour. Scêne, d'un genre inoui, & où ma poſition étoit d'autant plus embarraſſante, par rapport à mon épouſe, qu'il ne m'étoit pas poſſible de la mettre, elle & l'enfant en liberté, vu que la troupe aſſiégeoit ou gardoit les portes. Ainſi ſe ſont paſſées près de quatre heures pendant lesquelles, *ô dieux! ô dieux!* disoit mon épouse, *que vont-ils faire? ils vont enfoncer la porte*, & dans l'instant de leurs délibérations elle ajoutoit : O *mon ami, il faut partir cette nuit, la vie est plus chere que tout!.....* La troupe ayant disparu, j'envoie un billet à une de mes connoissances lui demandant un refuge pour une partie de la nuit; la personne vient, & m'annonce ne pouvoir me retirer, tant elle craignoit pour sa maison les fureurs de cette troupe déchaînée. Je fais à la hâte les préparatifs de mon voyage, & je parts à quatre heures du matin (1). Nosseigneurs, j'ai dit que je sacrifierois les intérêts de ma cause à des instans qui vous sont précieux; je passe donc sous silence cette séparation cruelle..... Il est vrai qu'elle ne devoit être que momentanée, étant convenu avec mon épouse qu'elle feroit une vente publique de mon mobilier, & que je l'attendrois à Rennes pour la soulager, elle & l'enfant dans les fatigues d'un voyage long & pénible. Mais quelle

---

(1) *Je partis à pied, accompagné d'un guide & fis trois lieues de nuit & dans les boues, de crainte qu'en ayant fait chercher un cheval à Vannes, je n'eusse découvert l'instant de mon départ, et arrivé au premier Bourg, je fis certifier au dos de mon passeport que quelqu'un avoit été demander pour moi, mon voyage comme suit : Vu passer à Elven, distant de trois lieues de Vannes, à huit heures du matin, ledit Sieur de l'autre part étant à pied et accompagné du nommé Pierre Brien, son guide; en foi de quoi, nous avons signé à Elven le 5 janvier 1790, le Roux fils, sindic-militaire faisant fonction de Maire.* A Elven je pris un cheval, & continuai ma route jusqu'à Rennes, en la faisant certifier à Ploermel, à Plelan & à Rennes.

ne fut pas ma surprise, lorsqu'elle m'écrit à Rennes *qu'elle ne peut vendre, attendu que le Sieur Bisette, libraire de Vannes, prétend qu'il va y faire mettre opposition, disant qu'il lui est dû le montant des frais d'impression de mon ouvrage, ayant pour titre* Nouveau Plan d'Education (1); *ainsi continue*, ajoute-t-elle, *jusqu'à Paris, où ta présence est nécessairei, car on dit que la Municipalité & le College latin ont envoyé un exemplaire de ton ouvrage à l'Assemblée Nationale, pour le faire juger. Tu me demandes si les criards sont revenus, non.... Mais croyant que tu irois au College, comme de coutume; ils s'étoient rangés tous sur le passage, formant plusieurs colonnes, & voyant que tu ne venois pas, ils ont dit que les autres professeurs paieroient pour toi.* L'envoi de mon ouvrage à l'Assemblée Nationale est-il sincére, & n'est-il pas suivi d'une intercession en faveur de ces enfans égarés? on ne peut en conclure autre chose, sinon que le College & la Municipalité ont approuvé l'entreprise criminelle de leurs pupilles & de leurs concitoyens, & lorsqu'on réfléchit que la scêne du *quatre* a du révolter toute ame honnête; comment se dé-

---

(1) Cette prétention est une mauvaise foi insigne de la part de ce libraire, ci-devant relieur; j'étois convenu avec lui qu'il devoit faire les frais d'impression, les prélever sur la vente, & avoir le tiers du profit; mais il falloit bien que le Sieur Bisette fût aussi à la mode & fît valoir la raison du plus fort, qui est toujours celui qui tient : or, le Sieur Bisette tient l'entiere édition de mon ouvrage & est mon débiteur en outre.

ſendre d'un jugement défavorable contre le College latin & la Municipalité, puiſque ni les uns, ni les autres n'ont prévenu, ni empêché que le lendemain cinq, ce même attroupement fût renouvellé dans un lieu, où j'étois cenſé devoir aller remplir mes fonctions, attroupement ſuivi de menaces contre mes collegues.

MES PRÉTENDUS TORTS.

Une troupe de plus de ſix cent écoliers s'eſt rendue chez moi, & a demandé ma vie. Les perſonnes prépoſées à la tutelle de ces jeunes gens ont fermé les yeux ſur leur conduite. La ſcène du quatre a duré depuis ſix juſques à dix heures de la nuit ; l'attroupement s'eſt renouvellé le lendemain, & cette force publique, confiée aux municipalités pour défendre la vie des citoyens, n'a pas jugé à propos de déployer le moindre appareil pour diſſiper & faire rentrer dans l'ordre cette horde mutinée : à ne juger des choſes que ſelon le monde j'ai donc eu des torts contre les *écoliers*, contre leurs *maîtres*, & contre *la municipalité.* Oui ! Noſſeigneurs, j'ai eu des torts contre eux tous, mais de ces torts que l'eſprit de domination, le vil intérêt & le deſpotiſme des corps n'oſe publiquement qualifier tels, & qu'il ſait néanmoins adroitement contenir par des manœuvres ſourdes, des inſtigations ſecrettes, des délations calomnieuſes, & ſouvent des attentats maſqués ; mais de ces torts, qui, aux yeux de la juſtice & de la raiſon, attirent des

hommages & de la reconnoiſſance à ceux, qui bravant le courroux des méchants, ont été aſſez généreux pour s'en rendre coupables. Voici *mes torts* contre les *écoliers :* j'ai dit » que le premier vice que j'appercevois dans l'éducation pratiquée de nos jours, c'eſt qu'elle s'étendoit ſur des individus envers qui elle étoit plutôt un mal qu'un bien ; que c'étoit un ſyſtème trompeur, qui ſur des eſpérances illuſoires, faiſoit abandonner un bien être réel. J'ai dit que tout le monde envoyoit ſes enfans au college, & que tout le monde ne devoit pas les y envoyer ; que tous les peres vouloient & voudroient encore plus par la ſuite donner des états brillans à leurs enfans, & que les états brillans n'étoient pas dans le lot de tout le monde. J'ai dit qu'avec moins de latiniſtes, on auroit moins de mauvais poëtes, moins de froids orateurs, moins d'avocats ſans cauſe, moins de bénéficiers oiſifs. J'ai dit que le latin n'étant utile qu'aux prêtres, aux médecins & aux avocats, il convenoit de faire un réglement pour que le collége fût interdit à tout enfant dont le pere ne juſtifieroit pas *avoir aſſez de moyens* pour le maintenir dans l'un de ces états, parce qu'il importoit à la Patrie de ne pas voir les pavés de la Capitale inondés d'une foule de jeunes gens qui ne ſachant que des mots, & dénués d'un état ſolide, étoient à charge à la ſociété qu'ils importunoient & dupoient ; individus qui aſpirant à un état au-deſſus de leurs forces, étoient nuiſibles aux diverſes profeſſions qu'ils embraſſoient, parce que l'impuiſſance & la baſſeſſe

étoient les seules ressources qu'ils y apportoient. J'ai dit qu'une ville de Bretagne, que je n'ai pas nommé, avoit compté jusqu'à plus de 1500 écoliers annuellement; que c'étoit un spectacle curieux que de voir cette pépiniere de latinistes en veste, en sabots, les habits rapetassés, les cheveux épars, le tein hâlé, une pile de livre sous le bras, l'enfance à côté de l'âge mûr, & l'âge mûr devançant la vieillesse. Mais, ai-je ajouté, où les envoyer en effet si ce n'est au collége? les campagnes & les Villes sont dépourvues de maîtres assez instruits & tels qu'il en faudroit pour cette classe de citoyens destinés au commerce, aux arts & aux métiers, & jusques ici, le mépris ayant été le partage de cette portion utile à la société, faut-il s'étonner qu'elle cherche les moyens de parvenir à des états où elle soit à l'abri de l'indigence & de l'opprobre »?

» Mais pourquoi fermer aux gens peu aisés la voie de l'instruction & de l'aggrandissement, combien de prédicateurs célèbres, de jurisconsultes profonds & de médecins habiles sortis de parens peu fortunés? *Voilà l'objection ordinaire.* « J'ai répondu que s'ils avoient pu atteindre au bout de la carriere & s'y étoient distingués, c'est qu'ils avoient eu des protecteurs & des moyens quelconques, des peines infinies ou des heureux hasards; mais qu'il n'en étoit pas moins vrai que ces protecteurs étant rares, fragiles, et les moyens pouvant manquer, il étoit du devoir *des peres de la Nation* de prévenir le sort de ces victimes, qui de toutes parts, se vouoient à l'étude du latin, sous le

frêle

frêle espoir d'être protégé. J'ai dit qu'il en étoit ici comme des loteries, où la fortune d'un seul causoit la ruide de mille autres. J'ai dit que tous les génies étoient dans la nature, qu'un individu en naissant n'en avoit pas reçu plus qu'un autre ; que l'éducation seule les créoit & les développoit ; voit-on des génies parmi les sauvages ; j'ai ajouté que sur une population de 24 millions, les classes aisées fourniroient aisément ce qu'il nous falloit de prêtres, de médecins, & d'avocats; que quelque génie se trouveroit il perdu, c'étoit un dommage particulier & incertain qui ne devoit pas établir un mal général; que d'ailleurs vouloit-on se ménager une ressource dans les classes pauvres & les favoriser, chaque province n'avoit qu'à lever une contribution volontaire, en former une caisse d'instruction, y réunir toutes ces *bourses*, ces *chapelles*, ces *places* & ces *donations* toujours usurpées par ceux qui en avoient le moins besoin ; & à titre de récompense, donner une éducation & un plein & entier état à tel nombre d'enfans, qui dans leurs premieres années de raison, auroient donné des preuves d'intelligence & de sagesse, & qu'il vaudroit bien mieux qu'ils dussent leur élévation à leur patrie qu'à certains particuliers, qui souvent ne les entretenoient qu'à moitié, & dont la plûpart imposoient une bassesse & une servile adulation qu'ils appeloient reconnoissance, & que les *Assemblées provinciales* me paroissoient très propres à cette administration, & à faire ces élections ».

» Mais si d'un côté j'ai observé que l'éducation

R.F.

& les études des colléges ne convenoient pas à cette classe d'hommes qui avoit à choisir entre l'agriculture, les arts méchaniques & les occupations serviles; j'ai ajouté qu'on ne pouvoit se dissimuler qu'ils n'avoient ailleurs aucune ressource pour s'instruire comme il conviendroit à chacun; je me suis récrié qu'un homme à 50 écus de gages présidât à l'éducation des gens de la campagne; j'ai dit qu'il ne suffisoit pas que le paysan sçût lire, écrire, compter & son catéchisme, j'ai demandé qu'on adjoignît au maître d'école une personne capable de donner une instruction *morale & civile*; que le contrat social se renouvellant sur des bases plus conformes à la raison, à la justice, à la liberté & au véritable honneur; c'étoit sur elle que devoit porter la nouvelle éducation. Qu'elle devoit enseigner que *catholiques* & *protestans*, *étoient chrétiens & freres*, nobles & roturiers, hommes & égaux. J'ai demandé dans les villes considérables une *école de commerce*, & dans chaque capitale de la province des écoles publiques pour la *mechanique*, *l'architecture*, la *marine* & la *guerre*, dût-ce être sur les débris de tous ces colléges inutiles, où l'on n'apprenoit que des mots de latin; & qu'il ne suffisoit pas que d'avoir des bras pour être matelot, soldat & artiste. J'ai dit que les peres de la doctrine chrétienne n'étoient pas suffisants, & j'ai demandé qu'ils fussent aidés par quelqu'un en état d'enseigner aux enfans du peuple ce qu'ils doivent *à Dieu, à leurs semblables, à leurs parens, à leur Roi, aux loix & à la Patrie; ce qu'ils ſont en tant qu'hommes , & ce qu'ils doivent à titre de Citoyens.* Voilà mes torts ».

C'eſt-à-dire, voilà les principes que ma conſcience & une raiſon impérieuſe m'ont preſſé de développer. Vous jugerez, Noſſeigneurs, s'ils ſont d'une nature à mériter la vindicte publique.

Si cependant il n'y a point d'effet ſans cauſe, il faut néceſſairement en trouver une à l'inſurrection & au délit criminel, dont ſe ſont rendus coupables plus de 600 individus, doués d'une des diverſes ſortes de raiſon quelconques. Car ſelon moi, il y a la raiſon de l'âge viril, & la raiſon de l'âge mûr ; celle des fanatiques & celle des tolérans, celle des égoïſtes & celle des humains ; il y a la raiſon par excellence & la raiſon commune : or, ſi l'on conſidère que mes principes, pour ce qui concerne les ECOLIERS, ne pouvoient, ſuppoſé qu'ils euſſent été adoptés, que rendreleur ſort plus heureux, puiſque j'intercède pour que leur exiſtance & leur état ſoient aſſurés, puiſque j'abrege & améliore leur inſtruction, puiſque je demande pour eux un plus grand nombre d'écoles gratuites ; ſi l'on conſidere enſuite que ſur 6 ou 700 *écoliers* qui peuplent le collége latin de Vannes, il n'y en avoit peut-être pas deux qui euſſent acheté *mon nouveau plan d'éducation* ; ſi l'on fait attention qu'il n'eſt pas dans la nature que cet ouvrage étant ſuppoſé avoir déplu à un ou deux d'entr'eux, ſon jugement & ſon courroux ayent été aſſez déciſifs pour en porter 600 à une action criminelle, la douceur & la timidité caractérisant ordinairement cet âge tendre, (à moins que le canton de Vannes ne fasse une exception); pour si peu, dis-je, qu'on pese sur ces réflexions, on se sent comme malgré soi entraîné à croire que l'instrument de la vengeance étoit entierement aveugle, & que LES MAITRES se croyant plus offensés que les *disciples*, & ayant manifesté leur improbation & leur mécontentement, les *disciples* ont cru devoir venger les *maîtres*, oubliant cette fois qu'un de ceux qui étoient avec notre *divin maître*, lorsque des gens armés vinrent pour le prendre, ayant tiré l'épée & coupé l'oreille à un des valets du Grand Prêtre, *J. C.* se contenta de guerir le malade, & de dire à l'agresseur, *remettez votre épée dans le fourreau, car tous ceux qui tireront l'épée périront par l'épée*. Le fait suivant me semble d'ailleurs être d'une nature bien propre à donner à cette idée un caractere de verité. En effet, mon ouvrage n'avoit été mis en vente que le lundi 4, jour de l'insurrection; mais comme il s'imprimoit à Rennes, le libraire de Vanes, en ayant recu les premieres feuilles, & un prêtre, grand, maigre, sec & portant une redingotte très usée sur ses épaules, alors dans la boutique, voyant du nouveau, prit indiscrétement ces feuilles d'entre les mains du libraire, & ayant parcouru quelques pages, que sans doute il ne trouva pas à son goût, je l'entendis marmoter avec le garçon de boutique. Sur quoi ayant demandé le lendemain à ce dernier ce qu'il lui avoit dit. Il m'a dit, répondit le garçon, que *s'il étoit écolier lorsque vous passeriez sur la place, il vous assomeroit.* Je me contentai de penser que ce désirant assomeur avoit quelques répétitions *à un petit écu* qu'il craignoit de voir diminuer.

Les gens en place quelques médiocres qu'elles soient, ont toujours leurs espions, leurs délateurs & leurs flatteurs dont la qualité suit en proportion celle des premiers. Cette espèce est très commune à Vannes. Par le moyen de quelques petites aumônes & de la réunion de quelques charités, les Prêtres en place y font d'autres prêtres, & il est simple que ceux-ci ne peuvent jouer auprès de leurs protecteurs que le rôle de courtisans. Lorsque je travaillois à mon ouvrage sur l'éducation, la maison où je logeois étant une maison à pensionnaires, un des abbés leur précepteur me faisoit de fréquentes visites, ensorte qu'un jour lui ayant lu quelques lambeaux de mon projet; voilà que peu de tems après je vois venir chez moi le professeur de réthorique, homme fort zélé, dit-on, pour le collège de Vannes. Il débuta par me dire que depuis long-tems, il désiroit faire ma connoissance, qu'il savoit que je cultivois les lettres & que notamment je travaillois à un ouvrage où il paroissoit que je me récriois contre le trop grand nombre de sujets, & où je n'approuvois pas ensuite la manière actuelle d'enseigner. Il m'observa que quant au grand nombre de sujets, la main de *Dieu* étoit toute-puissante, & qu'elle en prendroit soin; qu'autrefois le nombre étoit bien plus grand encore, & que s'il y avoit des plaintes à faire, ce devroit être sur la pénurie des sujets; que quant à la maniére d'enseigner, elle avoit toujours eu de grands succès. Je répondis à M. le professeur de réthorique, que j'étois fort surpris de ce que des idées presque confuses dans ma tête & à peine ébauchées sur le papier étoient parvenues à sa connoissance, que du reste il n'avoit jamais été dans mon caractère de nuire à aucun établissement quelconque par des pratiques sourdes, que tout homme devant au public le tribut de sa façon de penser, lorsque sa conscience lui disoit que cette façon de penser pourroit être utile, je livrerois la mienne au public mon Juge & le sien par la voie de l'impression & que mes idées se trouveroient-elles mal conçues, & n'indiquant rien d'avantageux, ce même public auroit la faculté de les refuter, & d'en démontrer l'insignifiance. M. le professeur de réthorique me témoigna ensuite que son collègue le professeur de cinquième avoit été sensiblement affecté de ce que son discours latin sur l'utilité de l'apologue prononcé à l'ouverture des classes ne m'avoit pas plu du tout, ayant dit qu'au cas il se perdît, on pouvoit le retrouver dans ma bibliothèque. Autre surprise de ma part. Je répondis à M. le professeur de réthorique, que quelqu'un qui sans doute avoit des raisons pour déprécier M. le professeur de cinquième, avoit trouvé commode de me prendre pour son truchement, qu'au moins il auroit dû m'en prévenir; mais que si j'avois été entendre prononcer le discours latin, c'étoit parce que quelques jours auparavant j'avois ouï des bruits défavorables sur la suffisance & le talent de M. le professeur de cinquième, & qu'autant que mes foibles connoissances me permettoient d'en juger, j'avois trouvé sa latinité très pure, & qu'il avoit présenté la matière sous son plus beau jour; que je voyois bien que la malice étoit grande parmi les hommes, puisque précisément la satisfaction que j'avois exprimée en sortant avoit été métamorphosée en critique amère; que je le priois de faire connoître à son collègue mes véritables sentimens, & que quoique jusques alors je me fusse fait une habitude de ne voir & de n'aller chez personne, je voyois bien qu'il faudroit aussi ne parler à personne, encore même ne seroit-on pas à l'abri de petites tracasseries. Et voilà, Nosseigneurs, le beau fruit de toutes ces futiles connoissances acquises au détriment de l'agriculture, du commerce & des arts. C'est d'avoir engendré une immense population d'hommes uniquement occupés à se déchirer, à se nuire & à se calomnier. Ah! puissions nous, puisque tout va se régénérer, avoir moins de brillant dans l'esprit & plus de bonté dans le cœur, moins de personnes à talens, & plus de gens de bien! En réunissant donc ces quelques circonstances, n'en jailliroit-il pas des rayons de lumière suffisans pour indiquer la véritable cause de l'insurrection & de l'attentat des *écoliers* de Vannes? Voyons ſi les torts que j'ai eu contre *leurs maîtres* n'aideront pas à la reconnoître.

D'abord moi étranger, chargé à Vannes d'enſeigner *l'anglois*, j'ai oſé propoſer *un nouveau plan d'éducation*; tandis que *M. Rollin de la Farge*, premier profeſſeur de mathématiques, a lu un projet à la ville, projet envoyé à l'aſſemblée nationale, dans lequel la ville de Vannes demande que déſormais tout ce qui concernera la marine de France ſoit formé & élevé à Vannes comme la ville la plus propice du Royaume. Peſte ſoit du contradicteur & du ſot qui vient ici nous morguer avec ſes nouveaux plans & ſa ſcience. J'y ai dit, » que la connoiſſance du latin ne devant être qu'une nomenclature de mots pour l'acquiſition de laquelle *trois ans* devoient ſuffire, & que comme enſuite parmi le nombre de ces latiniſtes, les uns étoient deſtinés à l'égliſe, les autres au barreau, ceux ci à la médecine, ceux là au militaire; j'ai obſervé qu'au lieu de leur faire apprendre à tous pendant *dix ans* la même choſe, ce qui étoit utile aux uns ne l'étant pas aux autres, il convenoit de les ſéparer en autant de claſſes, afin d'appliquer chacune d'elles *aux connoiſſances préliminaires de la ſcience principale* qu'ils avoient en vue, & je les ai indiquées. J'ai dit, & ceci touche de près *les maîtres*, qu'avec moins de latiniſtes, on auroit moins de *prêtres*; qu'il en falloit, mais que le nombre actuel étoit reconnu exorbitant, & que pris en général dans la derniere claſſe des plébéiens, la religion perdoit ſa dignité; qu'on auroit moins de Religieux, dont la consommation & l'oisiveté étoient funestes à l'Etat. J'ai dit, que fils d'artisans, de journaliers, de domestiques, cuistres de couvent, tout apprenoit le latin & tout aspiroit à la soutane ; que la portion congrue n'étoit pas fort engageante, mais qu'on esperoit s'en dédommager sur la charité des ames dévotes, sur les confrairies & le casuel. J'ai dit que les répétitions externes à un petit écu par mois formoient dans la ville une branche de commerce; que tel abbé ou prêtre en avoient 50, tel 60, qui plus qui moins. J'ai dit, que de toute part il s'élevoit une voix peu réfléchie, s'écriant, qu'au lieu de supprimer les religieux, il falloit leur confier l'éducation publique, mais que je pensois, que lorsque le public avoit besoin de représentans dans les assemblées nationales, provinciales & municipales, de ministres, de négociateurs, d'ambassadeurs, de guerriers, de marins, de commerçans, de chrétiens tolérans & tous freres, d'agriculteurs religieux & non *bigots*, de citoyens instruits des droits de cité; ce n'étoit point à la culture des religieux ou des prêtres qu'il falloit abandonner une si utile pépinière. J'ai dit que quant aux hommes & aux femmes de la campagne, vû que les uns & les autres avoient été élevés dans l'habitude d'aller faire des pelerinages, des voyages & des offrandes dans différentes villes & villages, pour demander la guérison de diverses maladies en invoquant des saints qui avoient la vertu d'en guérir & dont chaque canton avoit le sien, *il me sembloit* qu'il seroit avantageux qu'on leur persuadât que l'invocation doit avoir le même succès faite chez soi & sans *autre offrande*, que celle de la renonciation à ses plaisirs, & que ce n'étoit pas un moyen de plus pour être exaucé, que d'abandonner le soin de sa famille, de quitter sa maison & de négliger ses travaux; que je souhaiterois qu'on leur persuadât également qu'on peut gagner le ciel sans aller se mettre plusieurs fois dans l'année 15 jours ou un mois en *retraite*, hors de sa maison, & sans être membre de 7 à 8 confrairies, titres couteux, & qui pouvoient mener à la superstition & au fanatisme. » Or à Vannes & dans une partie de la Bretagne, le bas clergé favorise beaucoup ces habitudes. Enfin j'ai avec mon auteur anglois défini *la liberté religieuse*, *le pouvoir* d'exercer *sans vexations cette espèce de religion que nous croyons la meilleure*, *ou de former les décisions de nos propres consciences relativement à la vérité religieuse & à la règle de notre conduite*, *sans être assujetti à aucune decision des autres.* J'ai fait plus encore: Vannes possede dans ses murs une école de marine; & y ayant moi même une place de professeur d'anglois, j'ai demandé la suppression de cette école de marine, parce qu'on y *alimentoit & enseignoit aux dépens de l'impôt public* une quantité prodigieuse de jeunes gens dont les parens étoient très fortunés & que ceux ci dont tout le mérite se bornoit à être *nobles* ne sortoient de ces écoles qu'après avoir obtenu des places dans la marine ou dans l'armée, dont le *roturier payant* étoit exclus. Oui je l'ai dit, & je le répete encore, la patrie ne doit se charger de *l'entretien* & de l'instruction que des enfans dont les parens reconnus pauvres ont bien mérité d'elle. Dans tout autre cas, quiconque a 20 ou 30 mille livres de rente, doit du moins se nourrir à ses dépens, l'instruction comme l'admission aux emplois militaires devant être commune à tous. Tel est mon sentiment. Ainsi pensa *Regulus* lorsqu'il opina qu'il étoit contraire aux intérêts de la République qu'on échangeât les prisonniers, quoique prisonnier lui même. J'ai dit en parlant de ces écoles militaires & de celles de marine, que releguées dans certaines petites villes de province, elles y étoient dans un dépourvu total des objets nécessaires à l'enseignement; que c'étoit d'ailleurs un climat froid où ne croissoit ni sentiment de la gloire ni émulation; que c'étoient des retraites où la vigilance publique pénétroit rarement, & que cependant *le caractère de prêtre ne devoit par seul obtenir une confiance aveugle*. J'ai dit qu'il faudroit que les supérieurs ecclésiastiques se consacrassent uniquement au soin de ces écoles au lieu de les partager entre le collège militaire & le collège latin, & que la loi de la résidence devroit être sévérement gardée, parce que jamais subalterne ne valoit l'œil du maître. J'ai dit qu'il faudroit que des censeurs non suspects visitassent fréquemment ces établissemens à l'effet de voir comment les enfans y étoient *nourris*, *vêtus*, *soignés*, *élevés & instruits*. Que si on fermoit les yeux sur ces objets, *malgré le pretexte de religion dont on les couvroit*, ils ne devenoient entre les mains des régiſſeurs que des eſpèces de ferme où l'on ne viſoit qu'à s'enrichir. Oui, je l'ai dit, & je le répete, parce que tous les jours j'étois fatigué des murmures des jeunes gens ſur ces divers objets, & que j'étois convaincu que leurs plaintes étoient fondées. J'ai dit que les mathématiques, le deſſin, les langues & le catéchiſme qu'on enſeignoit ne ſuffiſoient pas, & j'ai donné le ſupplément. J'ai dit qu'il étoit difficile de trouver des hommes aſſez inſtruits & aſſez dignes d'élever une jeuneſſe précieuſe, vû que cet emploi étoit abandonné à quelques *ſupérieurs eccléſiaſtiques* la plupart nés dans les campagnes, uniquement inſtruits de ce qu'il falloit pour dire la meſſe, & ſe débarraſſant d'ailleurs de leur emploi ſur des abbés ſubalternes encore moins propres à la choſe qu'eux.

J'ai déſiré qu'une loi de *l'état* contraignît tous les jeunes gens de nature à pouvoir parvenir aux places diſtinguées, de ſe rendre à une *école nationale* dont le ſiége ſeroit à *Paris*. J'ai dit que les éleves s'y déferoient des préjugés relatifs ſoit à leur naiſſance, ſoit aux priviléges de leurs provinces, préjugés difficiles à être déracinés, ſurtout *en Bretagne*. J'ai dit que les profeſſeurs & les diſciples s'y piqueroient d'une vive émulation; que ſi les premiers étoient vraiement ſavans, le ſéjour de la capitale étoit le ſeul qui pût leur être agréable ; que le hibou ſeul ſe plaiſoit dans les ténébres, parce qu'elles le favoriſoient. J'ai dit enfin & répandu par la voie de l'impreſſion, que quoique *le réglement* fait pour l'école royale de marine établie à Vannes, Signé *Louis & plus bas le Marechal de Caſtries portât que l'intention du Roi étoit de n'y recevoir que* SOIXANTE *élèves*, qu'il ſe chargeoit *d'alimenter & de faire inſtruire à ſes dépens, avec défenſe que ſous aucun pretexte, aucun étranger ne fût admis aux leçons des élèves*, depuis deux ans que j'étois en exercice, j'y avois *vu & inſtruit* un nombre conſidérable de *penſionnaires*, & que quoique ces *penſionnaires non élèves* du Roi payaſſent une *ſomme* quelconque pour leur entretien & *inſtruction*, je n'en avois jamais reçu la *moindre rétribution.*

D'après ce que j'ai dit, il n'eſt pas douteux que ſi l'intérêt perſonnel, l'eſprit de corps & la force de l'ancien ſyſtème doivent être encore la ſuprême loi, je n'aie eu des *torts* & de très grands *torts* contre les *profeſſeurs* du collège latin, puiſque j'ai cenſuré la manière d'enſeigner, puiſque j'ai cherché à diminuer le nombre d'écoliers ; contre les *répétiteurs*, puiſque j'ai dit que les répétitions étoient inutiles & nuiſibles aux progrès de l'écolier ; contre la *ville* elle même, puiſque tous ces gens venans de la campagne & toutes ces demoiſelles qui peuplent les couvens, éducation contre laquelle je me ſuis recrié, lui donnent à gagner ; contre *le clergé*, puiſque je n'ai approuvé ni les *pelerinages faits à Sainte Anne, ni les confrairies, ni les retraites &c.* contre les ſupérieurs de l'école de marine, ſupérieurs auſſi du collège latin leur pere nourricier, puiſque pour reclamer ce qui m'eſt dû, j'ai été contraint de dire qu'ils avoient violé *le réglement* en recevant des *penſionnaires* que la volonté du *prince* avoit exclus, *penſionnaires* que j'ai inſtruits ſans être payé, puiſque j'ai demandé que *les écoles militaires* fuſſent retablies à Paris, & que les fonctions des prêtres s'y bornaſſent à celles d'aumôniers; & voilà, NOSSEIGNEURS, comme raiſonnent encore ceux qui juſques à préſent ſe ſont nourris d'abus & de préjugés; encore leur ſauroit-on-gré, s'ils ne faiſoient que raiſonner, mais c'eſt par des manœuvres ſourdes qu'ils cherchent à étouffer le cri de la vérité. Accoutumés à commander par la force du deſpotiſme, ils ne peuvent ſouffrir la raiſon qui perſuade, & quiconque en oſe faire parler le langage, ne peut s'attendre qu'à devenir leur victime.

Si la révolution actuelle a verſé l'enthouſiaſme & le raviſſement dans l'ame de quelqu'un, j'oſe dire que c'eſt dans la mienne. Mais, ſi c'eſt avec tranſport que j'ai vu l'acier parricide de l'antique deſpotiſme briſé, ſes légions diſperſées, l'empire féodal anéanti, le monſtre de la chicane terraſſé, les biens dont regorgeoit l'égliſe rendus au pauvre, les voies de la gloire & des emplois ouvertes à tous les citoyens; qu'il me ſoit permis également de verſer ici des larmes ſur le ſort de tant de victimes dont une funeſte anarchie groſſit à chaque inſtant la liſte; dont les jours ſont d'autant peu ménagés que la multitude des coupables ſemble leur être un titre d'impunité, & qu'une criminelle indifférence de la part de ceux à qui la ſureté & la tranquillité publique ont étéconfiés ne fait qu'enhardir ces hordes mutinées.

En effet lorſque 5 à 600 écoliers ſe ſont attroupés chez moi, m'appellans par mon nom, voulant enfoncer les portes de ma demeure; s'écriant : *il faut le pendre, le jetter à l'eau &c.*; un pareil attentat n'ayant pu être ignoré dans quelques inſtans des perſonnes de la ville, puiſque les excès en ont été prolongés depuis 6 heures du ſoir juſqu'à 9 ou 10; n'y-a-t'-il pas de quoi s'étonner qu'une *municipalité* qui ne s'eſt occupée juſqu'à préſent qu'à véxer le public en le forçant pendant trois mois à monter inutilement une garde dans quelque rue de traverſe non éclairée, puiſque la ville ne l'eſt point, ou à battre le pavé meurtrier de la ville portant un lourd fuſil tout rouillé ſur l'épaule, n'ayant ni poudre ni plomb pour y mettre, & cela pour le ſeul plaiſir d'arrêter les payſans, leurs compatriotes, leurs voiſins, allant & venant pour vaquer à leurs affaires & les contraindre de venir à l'hôtel-de-ville dire qui ils étoient, où ils alloient, ce qu'ils faiſoient, tandis que MM. les officiers municipaux élevés aux premiers grades militaires paſſoient ces mêmes nuits dans leurs feſtins ou dans leurs plaiſirs; n'y-a-t'-il pas, dis-je, de quoi s'étonner que lorſqu'un citoyen eſt menacé de perdre ſa vie & ſes biens par la fureur inſenſée d'une troupe d'enfans encore ſous la férule de leurs maîtres, dont la plupart ont cependant de 20 à 30 ans, cette *municipalité* dont le ſiége eſt à

100 *pas* de la maiſon que j'habitois ait gardé un coupable & lâche ſilence & ait mépriſé vos décrets, Nosseigneurs, qui lui enjoignent de déployer dans de ſemblables cas l'appareil de la loi martiale Mais, c'eſt que j'avois vu auſſi des torts de la même eſpèce que les précédens contre la municipalité, & malheureuſement les tracaſſeries particulières prévalent encore ſur la juſtice publique. Voici mes torts envers *la municipalité.*

Lorſque *Louis XVI*, paroiſſant avec confiance au milieu de ſes ſujets, ſe fut déclaré *le Protecteur* & le *pere d'un Peuple libre* & eut arboré la cocarde nationale, les adreſſes de remerciment & de félicitation, venues de toutes parts, couvroient les marches de ſon trône. Il convenoit à des Villes, comme *Rennes*, *Nantes*, *Paris* & autres, après s'être ſignalées & ſur le champ de bataille, & dans les conſeils, d'exprimer des ſentimens de vénération qui rejailliſſoient ſur elles. La Ville de *Vannes* voulant ſe mettre au niveau, pour la premiere fois, on entendit la voix des orateurs faire retentir les voûtes du Palais. Quatre atheletes s'elancerent dans l'arêne; deux officiers de la Municipalité, M. le Maire de *Rhuys* de préſent à Vannes, & *M. Rollin de laFarge*, premier profeſſeur de mathématique à l'Ecole royale de Marine. Les chefs-d'œuvres reſpectifs étant lus & entrelardés de grands applaudiſſemens, pluſieurs avis partagerent l'aſſemblée; les uns vouloient qu'on prît les meilleures phraſes de chaque

adreſſe

adresse & qu'on en mît en fonte une bonne; les autres opinoient qu'il falloit opter pour l'une des quatre. Depuis près de deux heures on faisoit *motion* sur *motion*, car chaque orateur avoit ses partisans, & chaque juge son goût & rien n'avançoit; attiré dans cette lice par la curiosité, voilà que je me sens comme électrisé; la fureur de parler s'empare de moi, ma langue se délie, je demande la parole, on me l'accorde. Je représente que le bon goût s'oppose à l'amalgamation des quatre adresses; j'observe que tendantes toutes au même but, qui étoit d'exprimer des sentimens de joie, de respect, de fidélité & de dévouement; il vaudroit mieux préférer celle qui les traceroit de la maniere la plus correcte & la plus énergique, & que comme les goûts étoient partagés, pour déterminer néanmoins une pluralité, je m'offrois d'analyser les quatres adresses, afin de faciliter, en quelque sorte, le jugement de l'Assemblée, dont je ne demandois ici qu'à être le rapporteur. Mon offre applaudie & acceptée, je lis & fais mes observations. Si elles furent trouvées justes par certains, elles ne le furent pas par d'autres; les partis, les cabales & les bruits se renouvellerent; d'ailleurs, il est des gens qui s'amusent beaucoup dans certaines assemblées, lorsqu'ils parviennent à ce que personne ne puisse s'y entendre; on revint à décréter que des quatre on en feroit une. On prit, en effet, la majeure partie de celle de M. le professeur de mathématiques, à laquelle, à dire vrai, je donnois la préférence ; & le beau ferment de M. l'avocat municipal. Quant à M. le Maire de *Rhuys*, comme il étoit étranger, on lui fit la politeffe de ne vouloir pas le conftituer en dépenfe. Si enfuite l'amour-propre de chaque orateur & de leurs aveugles partifans fut offenfé de ce qu'un maître d'anglois s'érigeoit en cenfeur *d'adreffes au Roi*; c'eft ce qui fe conçoit aifément. Cependant le lendemain voulant donner au public une preuve de mon aptitude, non à cenfurer, mais à faire; l'affemblée étant ce jour là nombreufe, j'y demande la permiffion de lire un projet d'adreffe, de félicitation & de remerciment à M. Bailly; m'autorifant de l'exemple de plufieurs autres Villes, & affurément le courage, les talens & les vertus de ce citoyen patriote la lui méritoient bien. Heureux d'avoir l'avantage d'être perfonnellement connu de M. Bailly, je priois donc la Commune de Vannes de me permettre d'être auprès de lui, interprête de fes fentimens, fonction, difois-je, qui m'honoroit auprès de tous les deux. L'Affemblée veut bien entendre la lecture de mon adreffe; un applaudiffement unanime la couronne. Un des officiers municipaux faifant la charge de préfident, m'affigne du confentement général au lendemain pour me rendre à l'Hôtel-de-Ville, où mon adreffe, dit-il, fera fignée & expédiée : je m'y rends; mais les mécontens, mais les cabaleurs s'y trouverent; les uns obferverent que l'Affemblée de la veille n'étoit pas légalement convoquée; les autres qu'il y avoit dans mon adresse une phrase, contre les Anglois, un peu forte; ceux-ci qu'ils n'y étoient pas & qu'ils n'en avoient pas entendu la lecture, qu'il convenoit que je la relusse le lendemain à l'Assemblée, où, sans doute les critiques n'auroient pas manqué. Sur quoi, tirant ma révérence, je ne reparus plus; me contentant de faire mon compliment privé à M. Bailly, dont la réponse me fut plus agréable que tous l'encens de Vannes. De-là me vinrent cependant les tracasseries au sujet de la garde que je fus contraint de monter pendant trois fois en personne & de quelque bonne volonté que je fusse à comparoître, ces Messieurs en grade trouvoient toujours le moyen de me faire quelque scène, afin sans doute, que je ne doutasse point de leur autorité. Il n'y avoit notament pas plus de huit jours que j'avois monté cette garde si essentielle à Vannes, que me voyant commandé encore, je fus sur les deux heures après midi chez M. le Maire, pour lui témoigner ma surprise de ce que mon tour revenoit si souvent, lorsque M. le Maire, qui ce jour-là étoit en *gala*, ayant paru sur la porte, sa serviette à la main, & ne répondant autre chose à mes observations, sinon que cela ne le regardoit pas (lui Colonel); je finis par le prier en sa qualité de maire et de colonel de prévenir qu'une troupe armée ne vînt *comme elle avoit fait precédemment*, faire mine *pendant la nuit* d'enfoncer mes portes, parce que prenant ces gens pour des voleurs, je les traiterois de même; sur quoi M. le

Maire me menaça fort poliment de me faire mettre en prison, & haussant beaucoup la voix cherchoit à ameuter la garde bourgeoise, qui étoit postée autour de son Palais. M. le Major de cette milice, plus poli que M. le Maire, prit la peine de venir chez moi, m'observa que si mon tour étoit revenu sitôt, c'étoit parce que les compagnies avoient été changées, &c. &c. que maintenant que mon nom étoit donné pour cette nuit, il ne seroit pas possible d'empêcher que ces gens (des gens mariés) difficiles à mener, ne vinssent encore faire du train, ensorte que pour complaire à mon épouse qui se trouve mal lorsqu'elle voit une bayonette, je me rendis à monter encore la garde. Enfin MM. les municipaux voyant que le public se lassoit de monter cette garde la nuit, & demandoit qu'ils la montassent aussi eux-mêmes, ces Officiers trouverent *possible* alors de se faire remplacer pour de l'argent, & ce fut moi qui fis la *cloture du personnel*; ensorte qu'on tira de moi tout le parti qu'on pût. D'après cet historique, s'il est facile de trouver la cause du silence de la Municipalité, lors de l'attroupement, avec menaces continuées pendant quatre heures devant ma porte : je ne crois pas qu'il soit aussi facile de l'excuser. Vous jugerez, *Nosseigneurs*, s'il est de la justice & de la bonne politique de le tolerer (1).

(1) Fraîche anecdote arrivée à Vannes du même genre que la mienne. La voici telle que mon épouse me l'annonce. » Il est arrivé une histoire à ce Mr. qui étoit pour la régie des vivres, qui mangeoit

MA JUSTIFICATION.

La recherche de la vérité a toujours été l'objet de ma poursuite. Depuis long temps je me consume sur ses traces : occupé autrefois par état à la faire triompher, j'ai toujours cherché depuis lors à en assurer les droits par mes foibles écrits : mon ame ainsi pétrie, & convaincu par expérience combien les préjugés, la folle ambition & les trompeuses lueurs sont funestes à l'humanité ; j'ai osé courir la noble carriere qui mene à éclairer son semblable : jamais l'intérêt ne guida ma plume : jamais l'esprit de corps, de parti & de quotité, n'entra dans mes calculs. Uniquement guidé par l'amour du bien public, des circonstances sans nombre, m'ayant mis à portée de voir & de connoître en matiére d'éducation, & croyant être con-

---

chez M. *Lagorce* et qui par parenthese prenoit beaucoup son parti. (C'est un étranger arrivé de quelques jours, que je ne connois que de vue.) Un soir qu'il rentroit chez lui, *douze jeunes gens* sont tombés sur lui à coups de massue et de bâton disant qu'ils vouloient le tuer, parce qu'il avoit tenu des propos et avoit dit *qu'ils étoient des bêtes et qu'ils* ne savoient *ce qu'ils faisoient*. Et il a été tout plein *de douleurs*. Quelques jours après, il est allé à la ville se plaindre ; on lui a dit *comme à toi* : *Cela ne me regarde pas*. Il a été obligé de s'en aller comme il étoit venu, et tous les jeunes gens se moquoient de lui, le coudoyoient, le jettoient de côté et d'autre. Alors cet homme tire une épée qu'il avoit dans sa canne. Quand ils ont vu cela, ils ont donné *rendez-vous* à ce monsieur, & ont été chercher leurs armes. Ce Mr. a été se renfermer chez lui. Un moment après tous les jeunes gens de la Ville sont venus, disant qu'ils vouloient l'avoir pour le tuer, parce qu'il étoit *Aristocrate*, & ils sont restés là à faire tapage depuis deux heures & demie, jusques à six heures du soir.

vaincu que la maniere actuelle d'élever & d'instruire les enfans, soit dans les colléges latins, soit par l'éducation domestique, soit dans les écoles militaires de province, que l'instruction du peuple dans les campagnes, & du sexe dans les couvents, n'atteignoit pas au dégré de perfection possible; j'ai communiqué mes idées à mes concitoyens par la voie de l'impression, m'abstenant d'entrer dans aucun détail domestique, d'attaquer qui que ce fut, ne traitant la matiere qu'en général & me nommant avec d'autant plus d'assurance, que mon cœur ne me reprochoit rien. Mais, diront les gens qui voyent tout en petit, *votre style est piquant*. Je réponds que tout don nous venant de Dieu, notre maniere d'écrire ne dépend pas de nous; si j'eusse été *Moliere*, j'aurois fait le *Tartuffe*, *l'Avare*, les *Précieuses ridicules* & *le Bourgeois gentilhomme*: si j'eusse été *Bourdaloue*, j'aurais prêché contre les *hipocrites*, les *impudiques* & les *mauvais riches*; si j'eusse été Garde Françoise, je serois mort au siége de la *Bastille*; mais relegué à Vannes, j'ai dû peindre d'après nature, & censurer les vices de l'éducation; encore ai-je cru qu'il valoit mieux m'occuper à cela qu'à écrire des libelles contre *les Necker*, *les Bailly*, *les la Fayette*, & autres grands hommes que l'ancien & le nouveau monde révérent. Du moins, lorsqu'autrefois un livre contenoit des principes dangereux ou séditieux, dénoncé au ministere public & jugé par la loi, pardonnant à l'égarement de l'auteur, ce n'étoit que ses feuilles qu'elle livroit aux flammes; mais ici les écoliers de *Vannes*, ont jugé qu'il valoit mieux me *pendre* que de me *répondre* (ç'eût été le moyen de m'interdire toute replique). Si c'eſt la regle de leur tribunal & qu'il ſoit ſuprême, ils ont bien des coupables à punir. J'ouvre le cahier des demandes & je vois que le vœu d'une *réforme* dans l'éducation y eſt *unanime*.

Mais ajouteront encore les eſprits puſillanimes, *vous vous êtes plaint de vos supérieurs*?

Quoi! j'aurai été nommé à une place ou l'on m'avoit promis de la conſidération & des avantages, & je n'y aurai trouvé ni l'un ni l'autre, & la *regle* y aura été que ce que j'enſeignois n'était pas néceſſaire pour être reçu dans la marine, & tous les moyens m'auront été ôtés, comme *livres*, *aſſiduité, utilité ſentie, &c.* Quoi? indépendamment des *éleves du Roi* pour leſquels j'ai été nommé, j'aurai eu à garder dans ma claſſe 20 ou 30 externes, qui ayant uſé ma ſanté toute l'année, ſeront partis un beau matin après avoir ſoldé leurs comptes avec MM. les Supérieurs, ſans venir ſeulement me remercier! Quoi! MM. les Profeſſeurs de mathématiques auront eu des appointemens plus forts que les miens; ils auront été trois pour porter un fardeau dont j'aurai eu la moitié; ils auront doublé leurs appointemens par les répétitions privées, & moi je n'en aurai pas eu une ſeule dans ma partie; ni au collége, ni dans la ville! Toute la conſidération & l'importance auront été pour eux, & tous les mauvais procédés & l'inſouciance pour moi! Quoi! M. le premier professeur de mathématiques, plus privilégié que les autres, aura donné ses *deux heures de leçon, en une seule séance* le matin, pour être libre le soir; & moi j'en aurai donné deux heures & demi, savoir de 11 à midi, & de 2 à 3 & demi (demi-heure de plus que n'exigeoit mon devoir), & cela parce qu'il accommodoit MM. les supérieurs, que cette troupe d'enfans fût gardée! Quoi! on m'aura annoncé qu'à *Vannes* les vivres étoient à bon compte & je les aurai trouvés plus chers qu'à Paris, ainsi que la main d'œuvre! J'aurai eu une femme, un enfant, une servante & moi à nourrir, & nul espoir de voir ma condition s'améliorer; au contraire, des impôts locaux pour la garde nationale, le logement des gens de guerre, des vexations municipales, point de sûreté publique, &c. Et je n'aurois pu me plaindre, & éprouvant moi-même combien sont amers & peu satisfaisans les fruits d'une éducation acquise à si grands frais, je n'aurai pu sans courir la peine de mort, renvoyer charitablement à la bêche & à la charrue une population d'hommes que je voyois aveuglée au point de mépriser ces instrumens précieux, pour venir s'embarquer dans le frêle esquif des espérances & des grandeurs! Et où en seroit l'Europe, s'ils ne s'étoient plaints lorsqu'ils étoient souffrans & persécutés, les *Rousseau*, les *Raynal*, & leurs dignes émules? Et où, en seroit la *France*, si vous-mêmes, *Nosseigneurs*, recueillant les plaintes du citoyen malheureux, n'aviez enfanté le glorieux projet de dissiper leurs nuées d'oppreſſeurs & ne rempliſſiez tous les jours avec courage cette tâche honorable?

Mes pertes.

Ma vie eſt un tiſſu de pertes. J'exerçois à Niſmes la profeſſion d'avocat, & j'y faiſois aſſez bien. Le démembrement du *Gevaudan* & du *Vivarais*, me raviſſent mon état. Je m'embarque à Paris ſous le frêle eſpoir d'être protégé par M. le *comte un tel....*, par M. *l'abbé* un *tel*, & j'y vis deux ans avec des promeſſes. Je paſſe en Hollande, j'y ſuis gouverneur du comte *d'Aumale*. Mais quelques tems après, M. *le comte* veut ſecouer le joug. Madame la douairiere ſa mere, eſt foible, elle me promet qu'elle me cherchera une place ailleurs, & que juſques alors je ſerai payé. Je quitte la maiſon, je vis trois mois à mes dépends. Au bout de ce tems, on me paye ce qui me reſtoit dû pour honoraire gagné pendant mon exercice; mais non ce qui m'étoit dû par la promeſſe précédente, & à cauſe des dépenſes de mon ſéjour forcé. J'intente un procès; les procureurs Hollandois m'accrochent. Les troubles de la Hollande parviennent à leur comble, & je ſuis contraint de partir perdant plus de 400 florins. J'arrive à Paris, je m'y occupe du métier d'auteur & de traducteur. N'ayant que *trente deux ans*, & ne faiſant aucun *pamphlet*, quelle foible reſſource! Environ deux ans après, j'obtiens une place à Vannes. Je me crois heureux. J'employe un acompte de la petite dot de mon épouſe, à un mobilier décent. J'y paſſe *vingt deux* mois, borné à mes modiques appointements après un voyage couteux, après un hiver auſſi rude que le précédent, dans des circonſtances qui ont tout renchéri ſur-tout envers moi étranger. Je m'occupe de mon mieux, mes ouvrages ne me produiſent rien (1); ſous les doitgs de mon épouſe, comme ſous ceux de *Minerve*, l'or & la

---

(1) Les malheurs d'une guerre civile, traduit de l'Anglois, deux parties. Il a plu à M. le Libraire de m'envoyer cent exemplaires de cet Ouvrage, ainsi que de *la Voix du Citoyen*, non compris le port. N'est-ce pas être bien généreux ?

Les devoirs d'un Officier de Marine, traduit de l'Anglois. Ce manuſcrit est chez moi, MM. les libraires disant qu'ils ne peuvent rien entreprendre.

Vocabulaire de Marine, Anglois & François, par ordre de matieres, grand in-8°. à deux colonnes, 56 pages d'impression. M. le comte de la Luzerne me fait l'honneur de m'écrire « qu'il *me ſait bon gré* de m'être occupé de cet ouvrage, qu'il verra par l'examen qu'il en fera s'il convient d'en généraliſer l'uſage ». Je l'avois fait imprimer du conſentement de Monseigneur l'Evêque & de l'Inspecteur de l'école, alors présent à Vannes; je m'étois imaginé que le college payeroit l'impression & me feroit une petite gratification qu'il auroit impoſée ſur le prix de l'ouvrage; point du tout, le college diſant qu'il ne faiſoit point le commerce de livres, refusa de payer l'impression; je fus contraint de la payer moi-même; la grace que me fit le collége, ce fut de me prendre dans l'espace de deux ans, trois cens exemplaires qu'il me paya généreuſement à raiſon de *douze ſols* chaque, ainsi que la main d'œuvre me le coûtoit à moi, diſant que le *Catéchiſme* de Vannes ne coûtoit pas davantage & que les parens des éleves étoient pauvres. Heureuſement un libraire de Brest m'en prit-il *cent* exemplaires, que lui libraire me paya *vingt-quatre ſols*, ce qui me fit rentrer mes avances; j'eus pour mes peines cent exemplaires, dont partie a été donnée, & le reste est chez moi.

ſoie deviennent fleurs, bouquets, roſes, payſages, & à *Vannes*, ce talent n'a pu lui être d'aucune utilité, ſoit par le manque d'objets néceſſaires, ſoit parce que les hommes y ſont fort ſimples. Je publie mon *nouveau plan d'éducation*, & crois faire mieux de m'adreſſer à un libraire de Vannes (1); nous convenons qu'il fera les frais d'impreſſion, qu'il les prélevera ſur la vente; que ſi dans trois mois il n'eſt pas rembourſé, je lui payerai la moitié de la ſomme qui manquera, & qu'il aura le tiers du profit ſur l'entiere vente. M. le libraire eſt pour autre objet mon débiteur de *cent ſept livres quatre ſols*, & il refuſe de me les payer, & il empêche mon épouſe de vendre mon mobilier ſe diſant mon créancier, & il adreſſe mon ouvrage aux correſpondans qu'il lui plaît, ſans m'en donner la note, & il refuſe d'en envoyer à ceux que je lui indique, il les vend dans ſa boutique & ſe propoſe de ne m'en rendre compte que comme vendus au-dehors. Enfin, tandis que je dépenſe *à Paris*, mon épouſe dépenſe à *Vannes*. Contrainte pour venir rejoindre ſon mari de vendre mon mobilier, il eſt aiſé de juger de la perte que je ferai, puiſqu'ayant quatre pieces tapiſſées en papier colé ſur le mur, le propriétaire de la maiſon refuſe de m'indemniſer d'un ſeul écu, diſant que cela ne lui ſert

(1) On me marque que le ſieur Biſette, libraire à Vannes, a bien voulu en faire paſſer quelques exemplaires à Paris, chez Defer de Maiſon-Neuve, libraire, rue du Foin S. Jacques, au coin de la rue Boute-Brie.

de rien ; il eſt vrai que c'eſt *un maître de penſion*, qui veut uſer de repréſailles. Autre voyage que mon épouſe a à entreprendre, voyage d'autant plus pénible & couteux qu'elle a un enfant de neuf mois. A la ſuite de toutes ces pertes, vient celle de mon état & de mon inaction ici, étant dépourvu de tout ; car, s'il eſt impoſſible d'une part que je retourne à *Vannes*, il eſt à préſumer de l'autre que l'Ecole royale de Marine qui y exiſte encore, étant une école privilégiée & trop privilégiée, elle doit ſubir une réforme.

MES RÉCLAMATIONS.

JE ne reclame point contre les écoliers de Vannes, un eſprit de vertige ou une dangéreuſe ſenſibilité peuvent ſeuls les avoir égarés. Je ne reclame point contre les profeſſeurs du collége latin, le public ſera notre juge. Je ne reclame point contre la Municipalité. Je me repoſe ſur les loix de la nouvelle organiſation. Mais je reclame ce qui peut m'être légitimement dû par MM. les Supérieurs eccléſiaſtiques de l'Ecole de Marine, quant à leurs *penſionnaires*, que j'ai gardé & inſtruit (1), & comme je n'ai pu les diſtinguer des éleves, ſi le fait eſt conteſté, je donnerai la nombreuſe liſte du total. Je ſupplie enſuite, vû la dangereuſe fermentation que mon ouvrage a produit à Vannes, fer-

(1) Il m'est tellement dû, que le professeur de dessin qui a instruit ces mêmes pensionaires la premiere année comme moi, sans être payé, s'étant plaint, on lui a donné pour adjoint un bon vieux homme de 60 ans qui fait, dit-on, les pensionaires ; mais c'est ce qu'on n'a pas pratiqué dans ma partie, parce qu'il en eût trop coûté.

mentation qui ſemble m'inculper, qu'il VOUS PLAISE, NOSSEIGNEURS, nommer des Commiſſaires pour vous en faire le rapport, de flétrir ma production, ſi les principes y contenus, ſont immoraux ou impolitiques, ou de juſtifier ſon auteur s'ils ne tendent qu'au bien être de l'humanité. Quant à mon état, c'eſt l'idée où j'étois de me rendre utile à ma patrie qui me l'a fait perdre. S'il eſt cependant trouvé vrai que je l'aie ſervie, c'eſt une bonne mere qui ne me délaiſſera point, qui prendra mes pertes en conſidération, & ſous la main de qui les moyens ſe multiplieront à l'infini, lorſqu'il s'agira de donner une exiſtance à un pere de famille. Protégé par cette même patrie, le calme ſuccédera à l'orage; & ſi le *quatre* janvier mes jours étoient menacés à Vannes, pour avoir voulu contribuer au bien de la choſe publique, elle vous répétera, NOSSEIGNEURS, ces paroles à jamais mémorables que vous adreſſoit, le *quatre* février, ce digne pere des François LOUIS XVI notre bon Roi. « *Vous* „ *qui pouvez influer par tant de moyens ſur la con-* „ *fiance publique, éclairez ſur ſes véritables intérêts* „ *ce bon peuple qu'on égare. . . . Ah ! s'il ſavoit à* „ *quel point je ſuis malheureux à la nouvelle d'un* „ *injuſte attentat contre les fortunes, ou d'un acte de* „ *violence contre les perſonnes, peut-être il m'épar-* „ *gneroit cette douloureuſe amertume* ». Vous avez donc plaidé ma cauſe, ô Monarque chéri ! que ne puis-je vous ſacrifier mes jours pour les voir renoués aux vôtres ! . . , Vœux impuiſſans ! ah ! vouons-nous donc avec un zele tout nouveau au travail, à la peine & au service du bien public; & vous Nosseigneurs, daignez vous rappeller que, consacré dès mon enfance à l'étude des loix, je m'estimerois heureux, si la nouvelle carriere qui va s'ouvrir me permettoit de rentrer dans une lice que je n'avois désertée que parce que mon peu de fortune y faisoit chanceller mes pas, & que l'or seul y maintenoit. Mais plus heureux encore, & ce projet charme mon imagination..... Vous venez, NOSSEIGNEURS, de régénérer un grand Empire. Une constitution & un gouvernement nouveau, toutes les branches d'administration religieuse, civile & politique vont être greffées, vont croître & fleurir sur des tiges aussi brillantes que vigoureuses. VOS DECRETS sont autant de codes qu'il faudroit recueillir dans des cassetes d'or. Mais il vous manque un TEMPLE AUGUSTE, digne de recevoir ce dépot sacré, ces archives précieuses, digne de conserver les FASTES de tous ces travaux immenses qui vous consument. Il vous manque une BIBLIOTHEQUE NATIONALE, si facile à former du superflu de tant d'ouvrages qui languissent par tout ailleurs. Là réunies aux vôtres, ces productions sublimes se prêteroient un mutuel éclat. Heureux si par la connoissance que j'ai de l'idiome des insulaires nos voisins, qui nous estiment aujourd'hui autant que nous le faisons, je pouvois enrichir un jour cette vaste collection, soit en vous appropriant leurs écrits profonds, soit en leur transmettant les vôtres. Là, je désirerois qu'on élevât les bustes des grands hommes que LA FRANCE revère, & dont VOTRE ILLUSTRE ASSEMBLÉE possede un si grand nombre. Tel seroit le Temple où je m'estimerois heureux d'avoir à passer mes jours, heureux de pouvoir y contempler & vénérer ces reliques humaines, heureux de pouvoir m'y nourrir du suc de vos principes & d'y trouver mes plaisirs dans les larmes d'attendrissement qui chaque jour couleroient de mes yeux, au souvenir de tant de bienfaits préparés à nos neveux.

VERLAC, Avocat.

Nota. L'Ouvrage ayant pour titre, *Nouveau Plan d'éducation*, qui a donné lieu à l'insurrection des écoliers de Vannes, se trouve à Paris chez Defer de Maison-Neuve, Libraire, rue du Foin S. Jacques, au coin de la rue Boutebrie; & à Vannes en Bretagne chez l'Auteur.

BIBLIOTHÈQUE NATIONALE R.F. IMPRIMÉS

20604

SECOND MÉMOIRE

PRÉSENTÉ

À NOSSEIGNEURS

DE L'ASSEMBLÉE NATIONALE,

BIBLIOTHEQUE ROYALE

POUR le sieur VERLAC, *Avocat & Professeur d'Anglais à l'Ecole Royale de Marine établie à Vannes en Brétagne.*

EXTRAIT DES REGISTRES DU COMITÉ DES RAPPORTS DE L'ASSEMBLÉE NATIONALE :

Sur la Requête présentée par Me. Verlac, Avocat à Paris, à l'Assemblée Nationale, & renvoyée au Comité des Rapports du 23 Février 1790.

Le Comite des Rapports ayant égard à ce que le Suppliant est victime de son patriotisme & de l'insurrection qui a eu lieu en conséquence contre lui, & qui cause sa ruine; prie LES MINISTRES *de prendre sa position en considération. L'Abbé Grégoire Président, Coroller du Monstoir, Rapporteur. Signés à l'original.*

Délivré par nous Secrétaires du dit Comité des Rapports de l'Assemblée Nationale soussignés, le Vicomte de Beauharnois, Secrétaire, Goupilleau, Secrétaire.

Resultat de mes démarches & Placets auprès des Ministres.

A

Le Ministre de la Marine. On m'a écrit à votre sujet, & vous avez fait un ouvrage qui atttque tout le monde.

Le Professeur. J'ai attaqué les vices de l'éducation, & non les personnes. Voilà l'ouvrage, M., lisez & jugez.

Le Ministre. Je l'examinerai.

Le Professeur. Avez-vous eu la bonté, Monsieur...

Le Ministre. Je veux croire que votre ouvrage ne contient rien de répréhensible aux yeux de la Loi ; mais, lorsqu'on a une place, il faut s'y maintenir, & s'accorder avec tout le monde.

Le Professeur. Publier des ouvrages utiles, c'est non seulement se maintenir dans sa place, mais s'y illustrer. La question est de savoir si les Ecoliers du College Latin de Vannes, au nombre de plus de *six cens*, ont été autorisés à attenter à ma vie & à celle de ma famille, & si, parce que l'amour-propre, les préjugés & les intérêts personnels de quelques individus composant la Municipalité de Vannes, avoient été offensés, comme ceux des Professeurs Latins, des Répétiteurs, des Maîtres de Pension, *&c.*, *&c.*, elle est excusable d'avoir laissé dormir à mon égard la force publique, dont la dispensation lui avoit été confiée.

Le Ministre. Lorsqu'on entre dans le champ de bataille il faut s'attendre aux coups de feu. Les personnes qui occupent des postes éminens, ne sont pas plus à l'abri que vous. J'ai besoin d'un Professeur à Vannes.

Le Professeur. Laissant la question de la sûreté publique à part, qui est la première dette du Gouvernement, & sur-tout la première obligation qu'il a contracté envers moi en m'envoyant à Vannes instruire les Eleves de la Marine; j'ai l'honneur de vous observer que le *Réglement* fait par Ordre du Roi pour cette Ecole, *signé le Maréchal de Castries*, fixe le nombre des Eleves du Roi à *soixante*, & *défend que sous aucun prétexte, des étrangers soient admis aux Leçons des Eleves du Roi*, cependant depuis deux ans que j'exerce, (l'Ecole n'en a pas trois) j'ai eu à instruire plus de *trente* étrangers chaque année, que j'ai trouvé dans mes Classes, confondus avec les Eleves du Roi; (1) le maintien de la discipline, les progrès des Eleves du Roi, l'objet de l'institution & ma santé en ont beaucoup souffert.

Le Ministre. N'instruisez que les Eleves du Roi.

Le Professeur. La Liste particulière de ces Eleves m'a toujours été refusée, & me le sera encore Et *quand aux étrangers*, puisque pendant *deux ans*, je leur ai prodigué mes talens, que j'ai eu à les contenir, & que j'ai donné à l'ensemble, d'après la volonté unique de Messieurs les Supérieurs Ecclésiastiques *une demi-heure de Leçon par jour*

---

(1) J'ai la Liste de ceux de la première année, écrite de la main d'un des Supérieurs.

de plus que n'exigeoit le Réglement. Je réclame l'interpoſition de votre autorité & de votre juſtice pour le ſalaire dû à mes peines ; *ces externes* ayant payé d'ailleurs à Meſſieurs les Supérieurs Eccléſiaſtiques *huit cens livres* de penſion, tant pour leur entretien que pour leur inſtruction.

Le Miniſtre. Vous avez des Tribunaux, attaquez-y les Supérieurs.

J'aurois pu répondre. L'Ecole de Marine établie à Vannes a été créée par le Roi, le Réglement fait pour elle eſt la volonté du Roi, le Miniſtre de la Marine eſt l'exécuteur de la volonté du Roi. J'ai été nommé par le Roi pour une des fonctions de cette Ecole; les avantages qui me ſont promis dans le *Réglement*, ſont ma propriété, & dérivent de mon Contrat qui eſt ſinalagmatique. Dans l'article 6, il eſt dit *qu'il eſt permis aux Profeſſeurs de donner des Leçons particulières aux jeunes gens de la Ville & à ceux du college qui le déſireront, à un prix modéré, pourvu que l'inſtruction des Eleves du Roi ne puiſſe en éprouver aucun préjudice.* Or, j'ai dû compter ſur ces Leçons particulières que l'accaparement pratiqué par Meſſieurs les Supérieurs, & la confuſion qu'ils ont établie entre les *Eleves du Roi & leurs Penſionnaires m'ont rendu impoſſibles.* De plus, j'ai fait le travail & je n'en ai reçu aucun ſalaire. Le Miniſtre de la Marine a mandé l'exécution de ce *Réglement* à M. *Amélot*, Evêque de Vannes. M.

l'Evêque a confié l'intendance de l'Ecole de Marine à deux Eccléſiaſtiques, qui ſont & n'ont ceſſé d'être le *Principal & Sous-Principal du College Latin de Vannes*; mais je penſe qu'ainſi que le Miniſtre eſt ſous la dépendance du Roi, de même les deux Eccléſiaſtiques & moi ſommes ſous la dépendance du Miniſtre, & lorſque je dénonce au Miniſtre, non-ſeulement depuis ce jour, mais depuis deux ans, (j'en ai des preuves écrites) l'infraction du Réglement, ne pas offrir les moyens de le rétablir dans ſon intégrité, *c'eſt tolérer les abus*, & lorſque j'attaque ces Supérieurs en paiement de ce qu'ils me doivent, *me renvoyer aux Tribunaux*, c'eſt mal-à-propos ſe déclarer incompétent, c'eſt me refuſer l'avantage d'une juſtice miniſterielle pour m'abandonner aux lenteurs d'une procédure judiciaire, où j'aurois tout à craindre des premiers Juges, qui, en partie, compoſent le Bureau du Collége de Vannes.

Il eſt vrai qu'en m'adreſſant au Miniſtre de la Marine, ſoit avant de préſenter mon *premier Mémoire* à votre Aſſemblée, ſoit après que *Votre Comité des Rapports* eut prononcé ſur ma conduite, car nos entretiens ont eu lieu entre ces deux époques; je ſavois que je n'avois rien de favorable à en attendre, & c'eſt parce que je l'avois fait rémarquer à *Votre Comité*, & qu'il en avoit été convaincu, qu'il m'accorda ſa récommandation auprès de chacun *des Miniſtres* en particulier.

Ce fut alors uniquement dans le premier Ministre des Finances que je plaçai mon espoir. Je lui adressai donc un *Mémoire* conçu à-peu-près en ces termes : « Plein de confiance en vos vertus ; je viens vous informer de mes malheurs, » vous dire que ce sont ces essais patriotiques (1) » dont je vous fais hommage, qui me les ont » attirés, c'est vous intéresser à mon sort. Mais, » ce qui ranime ma confiance, c'est que mes » infortunes & leur cause sont constatées par un » des *Comités* des Représentans de la Nation qui, » n'ayant pu les adoucir par lui-même, a fait » tout ce qui étoit en son pouvoir en vous les » recommandant. Vous êtes M. le Dépositaire » & le Directeur du Trésor public ; vous êtes le » dispensateur de ces secours particuliers que la » Patrie ne refuse jamais à ceux qui ont souffert » pour elle. Il n'appartenoit qu'à un Ministre sen» sible & généreux, comme vous l'êtes, d'ap» peller *dettes de l'Etat les pertes des Citoyens*, » *dont l'autorité tutelaire des Loix devenue sans* » *force, n'a pu garantir les propriétés ; il est juste*, » avez-vous dit aux Représentans de la Nation, » *qu'un dédommagement, non pas rigoureusement* » *exact, mais sagement équitable, devienne la dette*

(1) La Voix du Citoyen, *in-8°*. 100 *pages*.
Nouveau Plan d'éducation, 150 *pages*.
Les Malheurs d'une Guerre civile, traduit de l'Anglois, 2 Parties.

» *de la Nation*, *& c'est le vœu du Roi.* Si je n'a-
» vois une épouse, mère & nourrice à *dix-sept*
» *ans*, qui n'a d'autre ressource qu'en moi ; si
» ce principe de vie qu'il plaît à l'Être suprême
» de me conserver, n'étoit animé par l'espoir de
» sacrifices plus grands encore envers la Patrie,
» que je la regretterois peu cette vie semée de
» tant d'inquiétudes, heureux de la perdre dans
» une si belle entreprise : mais, si la chaîne des
» ennemis du bien public s'augmente & s'étend ;
» vous saurez y opposer une autre chaîne, celle
» des gens de bien ; & en fût-il quelqu'un que
» vous ne pussiez encourager par vos bienfaits,
» il répugneroit toujours à votre justice & à votre
» humanité qu'un État régénéré ne dût sa force
» & sa splendeur qu'aux dépouilles de ceux qui
» auroient combattu sous ses drapeaux. Passant
» sous silence toutes les pertes de considération
» que j'ai souffert à Vannes, je me borne à joindre
» à ma Requête le tableau *de mes pertes réelles.*
» Elles portent sur les frais de mon voyage, sur
» celui qu'a fait après moi mon épouse avec un
» enfant de neuf mois, sur un mobilier acquis
» chérement à Vannes, & que j'ai été contraint
» de vendre à vil prix, sur le transport des effets
» restant, & sur l'impression de mon *Mémoire.*
» J'aime à penser que votre cœur bienfaisant ne
» les trouvera point exagérées. »

Si l'Être suprême se dérobe à nos regards ; il

ſe manifeſte du moins par les faveurs dont il nous comble. Je ne fus pas aſſez heureux pour pouvoir ſolliciter en perſonne les bienfaits du premier Miniſtre des Finances. Mais revenu quelque tems après dans ſes Bureaux, j'y appris que mon *Mémoire* avoit été renvoyé à M. *Dufresne*. J'écrivis à ce dernier pour en ſolliciter une entrevue, je n'obtins ni entrevue, ni réponſe. Un de vos illuſtres Collegues, M. Bailly, Maire de Paris, & je dois le publier ici, autant parce que ſes bontés m'honorent, que pour atteſter une millième fois que les vertus, le zèle & les bons offices de ce premier Adminiſtrateur de la premiere Ville du monde, ſont ſans relâche le Patrimoine de ſes nombreux Concitoyens, M. Bailly, dis-je, m'accorda ſa recommandation auprès de M. *Dufresne*; mais, ni l'intérèt qu'inſpiroit ma poſition, ni la modicité de ma réclamation, ni la recommandation de *votre Comité*, ni celle de M. Bailly, ni les malheurs & la ruine d'une famille *victime de ſon patriotiſme*, ne purent toucher le cœur; dirai-je, de M. Dufresne; dirai-je, du premier Miniſtre des Finances. Un des Subalternes de M. Dufresne vouloit verbaſement me renvoyer d'un ton de commiſération, & ce ne fut qu'après mes inſtantes repréſentations qu'il me délivra la réponſe qui ſuit :

« La réclamation de M. Verlac a été miſe ſous » les yeux de M. le premier Miniſtre de Finan-

» ces avec l'attache du Comité des Rapports de
» l'Assemblée Nationale. M. le premier Ministre
» des Finances a été touché de la situation de
» M. Verlac, & auroit désiré avoir des moyens
» de lui accorder le dédommagement qu'il solli-
» cite ; mais sa bonne volonté a été arrêtée par
» les difficultés des circonstances qui ne permet-
» tent pas de venir au secours de *toutes* les per-
» sonnes qui ont souffert des Révolutions, ce 16
» Mars 1790. »

Si j'avois été assez heureux que de pouvoir solliciter en personne les bienfaits du premier Ministre des Finances, je lui aurois observé que ma réclamation, au lieu de porter sur *un Château brûlé*, malheur qui présume toujours d'autres ressources dans ceux qui l'ont essuyé, & dont les auteurs ou l'Etat n'en sont pas moins responsables, elle embrassoit mon entière existence & celle de ma famille, je lui aurois observé que 1600 liv. perdus forcément, & dus en partie à des Créanciers peu aisés ; car le riche insensible ne prête point, ayant rompu l'équilibre de mes moyens ; celui des Finances n'en auroit par été plus dérangé, quand le premier Ministre qui, le 28 Octobre 1788, accorda une gratification de deux cens mille livres *à M. de Lamoignon* (1), m'auroit accordé à moi un dédommagement de 1600 liv. Je lui aurois

(1) Voyez le Livre Rouge, page 20.

obſervé qu'il eût pu, partageant ſa bienveillance entre M. *de Vauvilliers*, Profeſſeur Grec, & moi, Avocat & Profeſſeur Anglois à l'Ecole Royale de Marine, réduire à 3400 livres la *gratification* qu'il a accordée au premier, pour procurer au ſecond l'*indemnité* de 1663 liv. qui lui eſt due, & ſe procurant une double jouiſſance, honorer tout à la fois de ſes faveurs le Chef du Comité des Subſiſtances, & rendre juſtice à l'Ecrivain laborieux qui s'eſt également ſacrifié pour le ſervice de la Patrie. Mais ici, un doute s'éleve dans ma penſée : à coup sûr, mon *Mémoire* n'eſt point parvenu au premier Miniſtre des Finances, & M. *Dufresne* en aura pris la déciſion ſur lui-même. Car le premier Miniſtre eſt juſte & généreux. » M. de *Vauvilliers*, nous dit-il dans ſes obſer» vations ſur le Livre Rouge, pag. 18, *a jugé* » *à propos* de faire connoître que cette *gratifica*» *tion* de 5000 livres, n'étoit qu'une *indemnité* » de ſes frais & de ſes pertes. Mais c'eſt à moi » de dire, qu'*à titre de ſimple récompenſe*, ja» mais *gratification* n'eût été mieux méritée. » Ne ſemble-t-il pas voir d'après ces expreſſions, que M. de *Vauvilliers* n'a fait aucune perte, mais *qu'il a jugé à propos* de préſenter le motif de cette *gratification* comme une *indemnité*, afin ſans doute de ne pas effaroucher le Public, qui tant de fois s'eſt voué & ſe voue encore *gratis* au ſervice de la choſe publique ; & ce que M. Necker ajoute, ne viendroit-il pas à l'appui de l'hypothèse, que les 5000 livres sont une *récompense* & non une *indemnité*; car pour justifier de l'indemnité, M. de *Vauvilliers* auroit donné *un compte détaillé* de ses pertes & de leur nature: au lieu que l'apologie suivante, M. de *Vauvilliers*, ajoute M. *Necker*, *est venu souvent plusieurs fois le jour pour répondre à mes inquiétudes, il n'a pas craint de se lever la nuit, quand il m'est arrivé de l'y inviter*, semble ne comporter d'autre idée que celle d'une récompense.

Oui, c'est une *récompense*, & M. de Vauvilliers me le donne à penser lui-même par la Lettre qu'il écrivit à l'Assemblée Nationale, à la suite des réclamations qui avoient été faites contre cette gratification. *Il y rend compte de sa pauvreté; il n'avoit au monde que 1500 livres du traitement de sa place.* A quelles dépenses un homme pauvre peut-il avoir fourni? Quoi! La Municipalité de Paris auroit donc exposé le salut de la chose publique, attendu la pauvreté connue de M. de Vauvilliers? Mais non, M. de Vauvilliers étant le délégué de la Ville! la Ville a eu assez de moyens sans doute pour mettre M. de Vauvilliers à même de remplir des fonctions aussi importantes, que celles qui lui avoient été confiées. Enfin, j'ai lu quelque part que M. de Vauvilliers avoit manié dans cette administration plusieurs millions, & qu'il avoit un compte à rendre, sur lequel il lui étoit facile de porter, non ses pertes, mais ses avances. Mais que ce soit une *indemnité* ou *une récompense*, étois-je donc dans un cas moins favorable que lui? M. de *Vauvilliers* est-il père de famille? ses jours ont-ils été menacés? a-t-il été contraint lui, & sa femme après lui, à un voyage de plus de cent lieues? un mobilier qu'il venoit d'acquérir dans son nouvel établissement, a-t-il été forcé, après l'avoir acheté bien chèrement, de le vendre à vil prix? a-t-il été dans la nécessité de se recréer ici d'autres foyers? a-t-il été réduit à d'impressions coûteuses pour justifier sa conduite & peindre ses malheurs? Un *Comité* composé d'hommes justes, vertueux, & avec qui il n'eut aucune relation, l'a-t-il déclaré *victime de son patriotisme*, & *ruiné* pour l'avoir manifesté. M de Vauvilliers *n'a pas craint de se lever la nuit.* Pour moi, j'en ai passé plusieurs dans la rigueur de l'hiver le fusil sur l'épaule, & montant la Garde dans les rues obscures & désertes de Vannes. J'en ai passé plusieurs à enfanter des Ouvrages, démasquant les abus, & lançant contre eux les foudres de la raison, des Ouvrages tendant à l'instruction du genre humain. M. de Vauvilliers *n'a pas craint de se lever la nuit*; & moi je suis parti la *nuit* de Vannes, à pied, pour dérober la trace de mes pas à la fureur d'une troupe égarée. *Sans doute*, c'est un service essentiel que d'avoir veillé aux ſubſiſtances. Mais les gens de Lettres qui ont préparé la Révolution par leurs écrits, qui par eux doivent en maintenir la durée, & épargner à force de répandre les lumières, cette commotion violente que pluſieurs croient encore devoir être inſéparable d'une grande Révolution. De tels hommes, dis-je, ſur les traces deſquels j'ai marché, en ſont-ils moins dignes de récompenſe ? Non ſans doute ; & c'eſt une vérité que n'auroit point méconnue le premier Miniſtre des Finances, lui qui a fait de ſi nobles efforts pour ſe diſtinguer dans la carrière littéraire. Ce ne furent ni les *Philippe*, ni les *Artaxerce*, mais bien les *Solon*, les *Licurgue* & les *Démoſthenes* qui illuſtrerent la Grèce. Qu'eût été Rome ſans ſes *Brutus*, ſes *Cicéron*, & ſes *Tribuns*. Et nous qu'aurions-nous été, pauvres & malheureux François, ſans ces foudres d'éloquence qui tant de fois ont diſſipé tous ces nuages impurs prêts à verſer la flamme & la mort ſur nos têtes. Qu'aurions-nous été ſans l'apparition de ces aſtres de raiſon, de juſtice & de vérité, dont la douce influence va déſormais régénérer, réjouir & féconder l'Empire.

Déchu de l'eſpoir que j'avois mis dans le 1er. Miniſtre des Finances, & toujours plus prêt à me voir entraîné dans le torrent de l'infortune, je m'attachai à l'unique ſaule qui me reſtoit, & j'adreſſai *un Mémoire à M. de Saint Prieſt, Miniſtre de la Maiſon du Roi.* Je lui expoſai mon voyage à Vannes pour l'inſtruction des Eléves du Roi; mon établiſſement avec une Démoiſelle preſque ſans fortune, mais ayant un état, dont elle n'avoit pû tirer aucun parti à Vannes.. Je lui mis ſous les yeux l'eſquiſſe d'un tableau bien neuf pour *des Grands*; ce qu'il en coûte pour s'établir dans un pays étranger, & pour y élever une famille. Je l'informai par quels abus & quelle injuſtice les Supérieurs Eccléſiaſtiques m'avoient privé du ſalaire dû à mon travail. Je lui rappellai les rigueurs du précédent hyver. Je lui offris mes productions littéraires, ne tendant qu'à la paix, au rétabliſſement du bien Public, & à l'inſtruction du genre humain; veilles dont le fruit avoit été envahi à cauſe de mon éloignement de la Capitale & par la cupidité des Libraires. Je lui racontai les perſecutions qui de plus en avoient été la récompenſe; je lui dis toute l'indifférence du Miniſtre de la Marine à mon égard, & après avoir invoqué pour moi comme pour mon épouſe le titre de compatriote, après lui avoir rappellé la mémoire de ſon père qui avoit accueilli avec bonté mes premiers eſſais littéraires. » Leurs Majeſtés, lui dis-je, ſont » douées d'un cœur ſenſible & généreux, com- » bien de fois au récit de malheurs publics & » privés ne ſe ſont,elles point retranchés leurs » plaiſirs pour pouvoir mieux eſſuyer les larmes » de l'infortune. *Leurs Majeſtés* ſavent combien » il eſt doux, puiſſent-elles ne jamais apprendre

» combien il eſt cruel d'être père. Nos jours ont » été menacés, nos foyers anéantis, & un déplacement ſi étrange & ſi précipité a conſommé » notre ruine. Nous voici après un voyage de » plus de 100 lieues, rendus dans cette immenſe » Capitale ; mais l'abſence nous y a fait perdre » de vue nos connoiſſances, nos amis y ont ſouffert des pertes, & nous n'y retrouvons plus nos » reſſources antérieures, cependant il faut s'y » mettre à couvert ſous une tente, il faut y exiſter. » L'homme civiliſé trouve-t-il à chaque inſtant, » comme le ſauvage, ſa nourriture ſous un chêne, » & ſes vêtemens dans l'ombre des forêts. Tel » eſt le tableau que nous vous prions de mettre » ſous les yeux de *Leurs Majeſtés* ; vivant dans » l'attente qu'il ne pourra que diſpoſer leurs cœurs » à la bienfaiſance. »

Revenu quelque tems après chez le Miniſtre de la maiſon du Roi, j'apprends qu'il eſt attaqué de la goutte. J'avois éprouvé chez le premier Miniſtre des Finances, que pour une certaine claſſe de ſujets, c'étoit auprès *des ſubalternes des Miniſtres* qu'on étoit fort heureux de pouvoir être introduit. Je le fus auprès de M. de *St. Romain*, de qui j'appris, non ſans étonnement, que le Miniſtre de la Maiſon du Roi avoit renvoyé mon Mémoire au Miniſtre de la Marine. J'obſervai à M. *de St. Romain* que j'avois expliqué au Miniſtre mes motifs de recours à lui ; que l'objet de ma réclamation n'étoit point une affaire de Marine, qu'il se bornoit à ce qu'étant François & Citoyen de Paris, qu'étant le serviteur Roi, dépossédé & ruiné par une violence populaire, je m'adressois au Ministre de la Maison du Roi pour réclamer sa protection & les bienfaits de Sa Majesté. » Vous savez, me répondit M. de Saint » Romain, qu'aujourd'hui les Ministres ne sont » plus rien ; d'ailleurs c'est le Ministre des Finan- » ces qui tient les cordons de la bourse, & il » faudroit *une décision de lui*. D'autre part, il » semble que si le Comité des Rapports avoit » pris la peine d'écrire une *Lettre particulière* à » M. *de Saint Priest*, le Ministre auroit pu...... , » au lieu qu'il paroît que la recommandation qu'il » vous a donnée, ne l'a été que pour se débar- » rasser. *M de St. Romain* jugeoit sans doute que » le cœur de nos Représentans est aussi dissimulé » que celui des Ministres qu'il a pu connoître.

D'après cette conférence, je m'occupai à rédiger de suite un nouveau Mémoire, dans lequel je démontrois au Ministre de la Maison du Roi, que ma demande n'attentoit d'aucune manière aux droits du Ministre de la Marine, que si je m'adressois au Roi, c'étoit, parce que mes démarches réitérées auprès de ce Ministre n'avoient eu aucun succès, que d'ailleurs les malheurs de ma position, provenant d'une insurrection populaire, dont le pouvoir exécutif ne m'avoit point garanti, c'étoit c'étoit au Roi, Chef suprême de ce pouvoir que je m'adressois, qu'étant son Préposé dans son Ecole de Marine, & mes fonctions ayant été interrompues par une cause majeure, dans de pareilles circonstances, *Sa Majesté* avoit plusieurs fois interposé son autorité expresse ou rémedié à tout par ses bienfaits.

Muni de ce nouveau *Mémoire*, j'allois en charger M. *de St. Romain*, lorsque j'apprends que le Ministre de la Maison du Roi donnoit audience. J'entre : plusieurs Chevaliers de Saint Louis occupoient l'antichambre. Je remets mon *Placet* au Ministre; à peine en a-t-il lu quelques mots, qu'il me le rend, me disant d'une manière propre à glacer tout autre d'effroi, que ma *plainte* a été renvoyée au Ministre de la Marine, que mon objet ne le concerne point. Je veux représenter que si le Ministre prenoit la peine de lire, il reconnoîtroit quiil peut *prendre ma demande en considération*; que d'ailleurs, *le Comité des Rapports* m'ayant recommandé *aux Ministres*, & expliqué les motifs de sa recommandation, il pouvoit... A ce mot, *Comité des Rapports*, le Ministre de la Maison du Roi redoubla de mécontentement & de démonstrations, qu'il étoit importuné... *Le Comité des Rapports*, me dit-il, *n'est qu'une Section de l'Assemblee Nationale*... qui... je ne pus comprendre le reste, & *le Ministre* me tourna le dos. Je revins chez M. *de Saint Romain*, à qui

R.F.

je témoignai combien j'étois affecté de la manière brusque du Ministre. Le subalterne chercha à excuser son maître, en disant que je devois attribuer cela au premier mouvement d'une personne qui croit qu'on revient deux fois sur la même chose. De chez M. de *Saint-Romain*, je fus chez le Ministre de la Marine, uniquement pour retirer la recommandation *du Comité des Rapports*, jointe à mon Mémoire, qui me fut remise par M. *de Malesieux*, sans mot dire. D'où il résulte qu'auprès de trois *Ministres*, cette recommandation motivée & fondée sur une si belle cause, n'a pu me valoir ce que valent encore tous les jours auprès d'eux & entre eux, tant d'autres recommandations, contre la nature desquelles assez d'Ecrivains se sont élevés.

Auguste Vérité, Salut des Empires, lorsque tu n'es point retenue captive par les ménaces des tirans, puisqu'après des siècles de calamité tes beaux jours ont reparu, éleve aujourd'hui ta voix imposante, & rappellant aux Administrateurs publics que leurs fonctions sont des Mandats indivisibles, & non des volontés arbitraires, des devoirs sacrés envers tous, & non des propriétés de caprice ou de prédilection, demande au *Ministre de la Maison du Roi*, de quel droit il s'est élevé comme une barrière insurmontable & hérissée de pointes de fer, entre *Louis* XVI, *Roi & Père d'un Peuple libre*, & une portion de ce Peuple & une famille née ſous ſon Empire, fidelle à ſes Loix, contribuant à l'impôt public ; & un homme chargé de fonctions privativement déléguées par le Roi ; un homme qui contraint de fuir pour ſe ſouſtraire aux fureurs d'un attroupement populaire, fomenté par les ennemis du bien public, contraint d'abandonner ſon poſte, & de renoncer à ſes foyers, n'avoit de cela ſeul qu'un titre plus preſſant pour être mis ſous l'égide bienfaiſante *de Sa Majeſté*, & cependant ce que le Roi lui-même n'auroit point fait *dédaigner d'écouter ſon ſemblable, ſon Miniſtre ſe l'eſt permis.* Et tandis que d'une main il fermoit les avenues du Trône à ceux qui n'en ont jamais été indignes ; de l'autre & dans le même inſtant, il les ouvroit... à qui ? *aux porte-clefs de la Baſtille*, aux ſuppôts du deſpotiſme, à ces hommes dans le cœur de qui un régime déshonorant avoit éteint tout ſentiment d'humanité, comme on extirpe en Aſie toute faculté d'aimer chez les infortunés Miniſtres des plaiſirs des deſpotes orientaux. Qui le croiroit ? Les penſions que le Miniſtre de la Maiſon du Roi ſollicite & obtient pour ces vils Agens du deſpotiſme, ſe montent à *dix-ſept mille cinq cens livres*, & ce même Miniſtre refuſe, non de ſolliciter, & il empêche qu'un pere de famille ſollicite, de la bonté du Roi, une indemnité de 1600 liv. que tout prouve lui être due. Ah ! lorſque le frere de ce Miniſtre, *M. de Saint-Prieſt, adjoint de son pere à l'Intendance du Languedoc*, obtint, en 1784, *pour secours*, une ordonnance de *deux cens mille livres* (1). Qu'il fut heureux, lui & tous ceux qui comme lui en obtenoient de pareilles, sur le dépôt du sang des peuples; qu'il fut heureux, dis-je, de rencontrer des solliciteurs & des Ministres plus complaisans. Cependant en qui devois je plus espérer qu'en un *Ministre* qui s'est si publiquement déclaré aussi *bon Patriote* qu'un autre. Patriotisme! souffle divin! par qui dans un état tout se meut & agit, germe fécond des vertus morales & civiles, passion des grandes ames, toi qu'à la voix de *nos Représentans* nous avons vu jaillir du sein des ténèbres, percer rayonnant de gloire l'antique cahos des passions désastrueuses, & ajoutant à notre existence un élément nouveau, nous rappeller du néant à la vie, & de l'esclavage à la liberté: ce n'est point assez qu'un Monarque vertueux & sensible, t'accueillant avec transport, & arborant tes drapeaux, les ait suspendus autour de son Trône, pénètre dans les vastes palais *de ses Ministres*, brises-en les portes d'airain, & perçant jusques au fond de leurs retraites mystérieuses, ranime ces statues froides, à qui il semble qu'une nouvelle Rome ait interdit l'usage du feu & de l'eau; fais qu'en un instant nous les voyons métamorpho-

(1) Voyez le Livre Rouge, page 19.

fées en autant d'interprêtes d'une Loi juſte ou d'oracles conſolateurs. Change-les, dès ce jour, en des *Miniſtres-Citoyens*, dont les cœurs ſe fondent aux premiers rayons de l'humanité, dont les intérêts particuliers ſe moulent dans l'intérêt général; qui, familiers avec la cabane du laboureur, les travaux de l'artiſan, les peines du journalier, & la misère du pauvre, ſachent que ce ſont les Citoyens, & leur induſtrie & non l'orgueil de quelques édifices publics qui compoſent la force & la ſplendeur des Empires; & faſſe, ton influence ſalutaire, que ſemblables du moins à ces femmes de Sparte qui avoient pour coutume d'aller ſur le champ de bataille chercher leurs enfans morts, & d'accourir dans les temples remercier les Dieux lorſqu'elles les trouvoient couverts de bleſſures honorables, nous ne les voyons plus refuſer un appareil aux bleſſures que leur découvriront les Défenſeurs de la Patrie.

L'homme de lettres aime la gloire, trop ſouvent quelques feuilles de laurier l'alimentent; mais s'il devient père aſſez immortel en ſe voyant revivre dans ſes enfans, aſſez heureux par les délices d'une union ſainte, par l'aſſemblage de travaux & de ſoins mutuels, il n'en reſſent que plus vivement la perte de ces biens ineſtimables, & ſon ame n'eſt point aſſez fauſſement ſtoïque pour la ſupporter ſans ſe plaindre. Mais ſi la cauſe publique ſe lie à ſes malheurs, c'eſt le triomphe de la Patrie plutôt que le ſien propre qu'il ambitionne. Mais s'il eſt perſécuté par les ennemis du bien public, s'il eſt repouſſé, dédaigné & humilié par ceux même qui devroient le protéger, alors il en appelle à ſon ſiècle, à la poſtérité, il remplit l'univers de ſes plaintes, & s'attachant à fixer l'opinion publique, il la pourſuit ſans relâche, dut-il ne vaincre que lorſqu'il ne ſera plus.

Mais vous ne ſouffrirez point, Noſſeigneurs, que ce ſoit là mon deſtin, & après avoir vu l'accueil qu'ont fait *trois Miniſtres* à la recommandation qui m'a été donnée par votre *Comité des Rapports*, juſtice qu'il n'a point préſumé devoir être inſignifiante & de nulle valeur, & que perſonne, excepté *ces Miniſtres*, ne ſauroit regarder comme telle, puiſque ce *Comité*, partie indiviſible de votre Aſſemblée, partage vos travaux, comme vos vertus & vos lumières, vous vous hâterez de l'interpréter par un Décret qui m'accorde, ſur les *Dons Patriotiques*, le leger dédommagement que je ſollicite, & qui m'ouvre de plus une carrière où je puiſſe, exerçant des talens que j'ai voués au ſervice de la Patrie, trouver les moyens d'élever une famille que je n'ai deſiré qu'après avoir obtenu un emploi qui lui aſſuroit une exiſtence, & dont une foule de motifs, auxquels je ſuis étranger, doit néceſſairement me dépouiller.

Pour établir la justice de ce Décret, il vous suffira, Nosseigneurs, d'un léger apperçu *sur ma conduite, sur les faits & sur ma position*. Ma conduite n'est point un mystère; entr'autres Ouvrages j'en ai publié deux, le premier ayant pour titre: *la Voix du Citoyen*, & le second: *Nouveau plan d'éducation pour toutes les classes de Citoyens*. Si dans le premier j'ai sollicité puissamment, & par la force du raisonnement, toutes ces grandes réformes dans la Noblesse, dans le haut Clergé, dans les Parlemens, dans les Cours Judiciaires & autres parties de l'Administration publique, que la Nation vient d'opérer, il ne doit pas être surprenant que j'aie fait des mécontens. Si dans le second j'ai voulu mettre des digues à ce torrent, qui dédaignant de désalterer nos campagnes, vient inonder nos colleges latins, d'où sortoient à grands flots tant de Moines paresseux, tant de Bénéficiers oisifs, tant de Prêtres surabondans, & sur-tout tant de gens sans état, pour les faire refluer vers l'agriculture les arts & l'industrie, il ne faut pas être surpris non plus qu'habitant un pays où la majeure partie de ceux qui y sont quelque chose, *après les gens de Palais que j'avois mécontentés précédemment*, ne vivent qu'en trafiquant le latin, j'aie choqué leurs intérêts. Mais si après avoir attaqué leur amour-propre du côté de l'enseignement, & avoir eu le courage de m'y plaindre de leurs injustices caractérisées, j'y ai joint encore la témérité de vouloir prévenir la postérité naissante contre l'intolérance, le fanatisme & la superstition, de vouloir la détourner des pélerinages, des confrairies, des retraites à tant par mois, pour la contenir dans une piété simple, véritable, & cachée aux yeux du monde; ce qui s'est passé *à Treguier*, *à Vannes*, *à Nîmes*, *à Montauban*, *à Toulouse*, *à Alais*, (1) & autres endroits, ne prouve que trop combien d'un côté cette instruction étoit nécessaire, & de l'autre combien elle devoit faire d'honorables martyrs. Mais dans la supposition que ces ouvrages eussent manifesté des principes irréligieux, immoraux ou impolitiques, pourquoi ne pas les dénoncer à la vindicte publique dans la personne de son Ministre, ou les réfuter avec des armes égales, au lieu d'attenter à la vie de leur Auteur?

Pour moi, semblable à ce Romain, qui, accusé de sortilège, parce que son champ rapportoit plus que celui de ses voisins, se contenta d'apporter dans la place des Comices ses instrumens aratoires, d'amener avec lui sa fille, qui étoit une jeune personne forte, bien nourrie, d'étaler des outils bien travaillés, de fortes bêches, des charrues solides, des bœufs bien pansés, & de dire : *Romains! voilà mes enchantemens.* Ce qui suffit pour le faire décharger de l'accusation. Je les

(1) Chose digne de remarque, Vannes & Alais ayant chacune leur Ecole de Marine, sont deux villes fanatiques.

ai adreſſés, *ces Ouvrages*, à chacun des Membres de *votre Comité de Conſtitution*, à pluſieurs de vos Collegues ayant eu l'honneur de la Préſidence *de votre Aſſemblée*, à pluſieurs Membres de *votre Comité des Rapports*, je les ai adreſſés au *Maire de Paris*, *au Commandant Général de la Garde Nationale de cette ville*, à pluſieurs Députés illuſtres. Je les adreſſés aux *trois Miniſtres*, que j'ai ſollicité en vain. Les papiers publics les ont annoncés d'une manière avantageuſe (1), & voilà qu'aujourd'hui je viens les dépoſer de nouveau ſur l'Autel de la Patrie, comme un hommage de mes ſentimens & un ſupplément au Don Patriotique, qu'une longue ſuite d'adverſités m'a mis dans l'impuiſſance de lui offrir. Si ſes Ouvrages ſont des crimes, leur Auteur ne veut point ſe ſouſtraire à la peine qu'ils méritent, mais, s'il eſt innocent, pourrez-vous lui refuſer, non des *récompenſes*, mais la juſtice qui lui eſt due?

Les faits ſont auſſi *notoires* que ma *conduite*. Il eſt public à Vannes & dans les environs, que le quatre Janvier précédent, ſur les *ſix heures* du ſoir, 7 à 800 écoliers du Collège latin, dont l'âge d'une grande partie paſſe de 30 à 35 ans, ſe ſont rendus en foule chez moi, qu'ils ont eſcaladé le ſecond étage de la maiſon où j'étois ſeul locataire, faiſant toute ſorte d'efforts pour en

(1) Voyez le Moniteur du 7 Mars 1790.

abattre les portes, qui déposent encore les empreintes de leurs coups ; que partie se tenant au devant de la porte d'entrée, & partie au devant de celle de mon domicile, ils n'ont cessé d'y crier : *Verlac, Verlac, il faut le pendre, il faut le jetter à l'eau ;* tumulte pendant lequel j'étois enfermé avec une vieille servante, & mon épouse qui tenoit entre ses bras l'enfant dont elle est encore nourrice ; qu'ils ne se sont retirés que parce qu'on leur a persuadé que je n'étois point dans la maison, & en promettant qu'ils reviendroient le lendemain. Qu'effectivement ils se sont réatroupés au devant de la porte du College, où j'allois tous les jours, *armés de cordes & de bâtons*, & que ne me voyant point paroître ils se sont exhalés en menaces contre mes confrères, disant qu'ils paieroient pour moi. Je dis que ces faits sont notoires, parce que les ayant avancés dans mon premier *Mémoire imprimé*, distribué dans votre Assemblée, très-connu à Vannes & dans les environs, le silence de ceux qu'il inculpe ne fait qu'en assurer la preuve, & que la seule excuse qu'ait pu y donner *M. Lucas de Bourgerel*, Député de Vannes, que je rencontrai un jour à dîner près le Palais Royal fut, *que rien ne pourroit arrêter les écoliers de Vannes, & qu'ils feroient trembler la ville;* à quoi je répondis, que l'existence de ce corps étoit donc bien impolitique. Il est notoire que quelque tems après mon départ, mon épouse ſortant de chez elle, ces mêmes écoliers, qui étoient attroupés & jouoient à leur jeu unique qu'ils appellent la *ſoule*, ſe ſont provoqués & excités à la jetter ſur *Madame Verlac*, ce qui, d'après leurs précédentes violences, ſon âge & ſon état de nourrice, ne pût que lui occaſionner une frayeur dangereuſe à ſa ſanté.

Ce qui n'eſt pas auſſi notoire, mais n'en eſt pas moins vrai, c'eſt que le jour du premier attroupement, un des Profeſſeurs du College latin eſt entré dans ſa claſſe, qui eſt une des plus hautes claſſes & des plus nombreuſes, *tenant mon Ouvrage à la main*, & a dit, *M. Verlac a fait un ouvrage qui mériteroit bien quelque choſe.* Propos qui joint à un autre tenu précédemment par un Prêtre répétiteur : *ſi j'étois les écoliers je l'aſſommerois*, jette, avec les autres circonſtances locales, un jour aſſez clair ſur la cauſe d'un pareil égarement. Ce qui eſt également notoire & ſurprenant, c'eſt que le lendemain de mon départ, M M. les Officiers Municipaux ſe permirent d'interdire au Libraire de Vannes la vente de mon Ouvrage, c'eſt que depuis lors ce Libraire, gagné par ceux qui y commandent, & devant qui la misère fait tout ramper, a refuſé d'exécuter la ſociété d'entre lui & moi, relative à cette production; c'eſt que malgré qu'avant cette ſociété il fut mon débiteur avoué, par écrit, de 107 livres 4 ſols, non ſeulement il m'a été impoſſible de lui faire payer cette ſomme, mais encore de lui faire rendre aucun compte de ſa geſtion, c'eſt qu'il a refuſé de faire les envois qui lui ont été demandés par d'autres Libraires, ainſi que ceux convenus entre nous; c'eſt que les exemplaires, que pour ma juſtification j'ai dû diſtribuer dans *votre Aſſemblée*, dans *vos Comités* & *aux Miniſtres*, c'eſt de mes propres deniers que j'ai été contraint de les acquérir. Enfin, c'eſt qu'il y a *cinq mois* que l'ouvrage eſt ſorti de deſſous preſſe, & que tandis que mille écrits incendiaires, calomnieux, fanatiques & attentatoires à l'établiſſement de *notre Conſtitution*, ſont favoriſés dans leur cours par ce Libraire infidèle, il lui plaît, comme s'il ſe croyoit inexpugnable dans ſa boutique, ou d'y enfouir le mien, ou de m'en dérober le prix. Fut-il jamais d'exemple d'une vexation auſſi inouie, d'une mauvaiſe-foi auſſi inſigne, & d'une ſociété auſſi *léonine*?

Les faits ſont notoires : mais combien d'autres vexations, combien de manœuvres, de fauſſes alarmes inſpirées à mon épouſe pour, en la retenant loin de moi, me conſtituer en double dépenſe, & priver ma ſanté délabrée de ſes ſecours. A entendre ces âmes dévotes, *l'Aſſemblée Nationale ne m'écouteroit point, qu'iroit-elle faire à Paris où j'etois ſans place*? &c. &c. Mais qui n'auroit pas été enflammé d'indignation, de colère & de vengeance d'apprendre que cet audavieux Libraire (1), non content d'envahir ma propriété, s'aviſoit, lui & ſa femme, de moleſter par des propos durs & injurieux, mon épouſe, un enfant timide, & doublement étranger dans ces contrées féroces, toutes les fois que d'après mes lettres elle alloit chez lui pour lui demander raiſon de ſa conduite, de ſa geſtion, la note des envois qu'il avoit dû faire, de ce qu'il avoit vendu, de ce qui lui reſtoit, ou enfin, une déclaration par écrit de ſes intentions? Qui croiroit qu'il pouſſoit la hardieſſe juſqu'au point de venir fouiller, de ſon autorité privée, dans tous les paquets qui ſortoient de chez moi, diſant que tout ce que j'avois lui appartenoit. Qui croiroit & ſes hautes menaces & ſes vaines tentatives, pour faire mettre oppoſition à la vente de mes effets, & même qu'il ait écrit à un Libraire de Paris, pour faire arrêter mes appointemens au Tréſor Royal, lui qui n'a aucun titre ni public, ni privé qui établiſſe que je ſois ſon débiteur; moi qui prouve, par écrit, qu'il eſt le mien, & qu'il vend un ouvrage m'appartenant. Il eſt vrai que ſes oppoſitions furent trouvées auſſi ridicules à Vannes qu'à Paris, mais les créanciers du ſieur Biſette le preſſoient, & ſon aſtuce lui ſuggeroit de ſuppoſer que j'étois ſon débiteur. Cette ruſe n'eſt pas la première qu'il ait pratiquée dans pareil cas.

(1) Le ſieur Biſette, ci-devant Relieur.

Cependant hâtons-nous d'en venir à un fait auquel je vous supplie, Nosseigneurs, d'accorder toute la considération qu'il mérite, car autant il est propre à caractériser *mes oppresseurs*, autant il prouve la loi qu'ils m'ont faite de les craindre, & de les fuir à jamais. Les Supérieurs de l'Ecole de Marine, & ils ne faut pas perdre de vue qu'ils le sont aussi du College latin, instruits, ainsi que la Municipalité de Vannes, par la lecture de mon *premier Mémoire imprimé* de mes démarches auprès de *votre Assemblée*, présumant bien qu'il ne pouvoit en résulter que l'improbation de leur conduite & la justification de la mienne, se donnèrent bien de garde, comme ils s'en étoient flattés tant de fois dans le public, *disant qu'ils avoient envoyé mon Ouvrage sur l'Education à votre Assemblée, pour le faire juger*, (mot effrayant) se donnèrent bien de garde, dis-je, d'y entrer en lice avec moi. Augurant mieux du Ministre de la Marine, ils lui écrivirent conjointement pour l'informer des faits, osant dire, « que c'étoit à leur zèle, à leur » vigilance, & à leur crédit que j'étois rede- » vable, si cet événement n'avoit pas des *suites* » *plus fâcheuses* pour moi, qu'au reste je l'aurois » mérité, puisque mon Ouvrage attaquoit tout » le monde, que j'étois un homme vain, &c. » mais qu'enfin, graces à leurs soins, les esprits » étant calmes, je pouvois venir reprendre mes

» fonctions. . . » D'après laquelle justification, aussi adroite que clandestine, & indigne de foi, le Ministre de la Marine ne manque pas de décerner au College & à la Municipalité, *de grands remercîmens de leur bonne sauve-garde envers moi, déclarant que mon Ouvrage mériteroit bien que je fusse destitué de ma place, mais que c'étoit une étourderie de jeunesse, & qu'il falloit avoir de l'indulgence.* Munie de ce *jugement*, prononcé à *huis clôs*, & où, suivant l'ancien systême, je n'avois été ni *apellé* ni *ouï*, voilà que la Municipalité trouve expédient d'en faire grande *lecture* & étalage à l'Hôtel-de-Ville, d'où il est aisé de conclure que si j'eusse été assez sot que de retourner à Vannes sur les représentations antérieures du *Ministre*, il auroit pu très-bien arriver que, sans égard à l'*indulgence* par lui sollicitée, Ecoliers, Répétiteurs, Maîtres & Maîtresses de Pension de Vannes, gens de la lie du peuple, dont les enfans ont l'honneur d'aller au College, à trois l. par mois, personnes chargées des revenus & du service des Confrairies, cuistres des Couvens, & enfin, tous ceux à qui mon Ouvrage a eu le malheur de déplaire, ne m'auroient fait qu'un très-mauvais *parti*. Je ne me permettrai que deux réflexions sur cette lettre, ou elle est vraie dans tout son contenu, ou elle a été tronquée. Quelques personnes de sens à Vannes ont cru qu'elle l'avoit été. Si elle est vraie, *j'en appelle à vous, Nosseigneurs, du jugement du Ministre de la Marine, il est en contradiction avec l'opinion de votre Comité des Rapports, il attaque ma réputation, mon honneur & mes intérêts, il attente à la liberté de penser & d'écrire, il applaudit au fanatisme que je combatti, & tend à étouffer les injustices & les abus dont je me plains.* Si elle a été *tronquée*, quel étoit le but de la Municipalité si ce n'est, de *se donner gain de cause, de verser la confusion & le dédain sur mon voyage à Paris, & sur mes réclamations à votre Assemblée, de livrer mon épouse à de nouvelles insultes, de jetter de la défaveur sur mon Ouvrage, & d'exposer une troisième fois la vie de son Auteur, s'il avoit eu la foiblesse de reparoître;* & cependant voilà qu'à peine cette lettre a-t-elle été lue à l'Hôtel-de-Ville, que les consolateurs accourent en foule chez mon épouse, pour lui témoigner toute la part qn'ils prennent au malheur qui m'est arrivé, lui racontant, mystérieusement, le *jugement* du Ministre de la Marine, la lecture qui en a été faite à l'Hôtel-de-Ville, &c. &c. qu'il ne lui reste qu'à me décider à revenir promptement, si je ne veux perdre ma place tout-à-fait, & que vingt-cinq louis de plus ou de moins pour les frais de mon voyage, séjour & retour, ne sont qu'une misère, qu'il faut savoir sacrifier. Sans doute qu'un semblable retour leur auroit très-convenu, & pour consommer ma ruine, & pour faire présumer l'abandon de mes réclamations. Que fais-je, pour assouvir leur vengeance. Jettée dans une mer d'incertitudes, en vain mon épouse veut-elle leur représenter que *le Comité des Rapports de l'Assemblée Nationale* m'a justifié. *C'étoit une ruse de ma part pour l'attirer auprès de moi, je dépendois du Ministre & non de l'Assemblée Nationale.* Nosseigneurs, ou je ne suis qu'un vil insecte que tout le monde peut fouler aux pieds impunément, ou vous me vengerez de tant d'infamies, de tant de vexations, de tant d'injustices, de tant de traits cruels & empoisonnés, lancés contre mon honneur, ma liberté, ma vie, contre une famille innocente. Ils les ont tellement accumulés, que mon cœur n'en est qu'une plaie.

Puis donc que *les faits* sont tels, Nosseigneurs, il vous est facile de juger & de mes maux passés, & de mes maux présens. Quant à *ma position*, j'en supprime le tableau, il surpasseroit mes forces. En effet, est il de lieu plus inviolable & plus protégé par les loix? Est il d'asyle plus saint & plus privilégié que la demeure d'un citoyen? A quoi serviroit d'avoir des maisons qui nous garantissent des injures de l'air, si elles ne nous mettoient à l'abri des violences des hommes, si les murs qui les environnent étoient forcés impunément, & si elles étoient moins sûres qu'un grand chemin où l'on est sur ses gardes? Eh bien, cet asyle que les *dieux penates* mettoient sous leur sauve-garde, il n'a point été respecté ... Là étoient mes foyers, ma femme, mon fils: Et quel fils! un enfant au berceau. Là étoient mes livres, mes occupations, & je leur ai été arraché. Là, j'avais un état; là, je servais ma patrie; le jour par mes travaux, & la nuit par mes veilles.... Ici & aujourd'hui, que suis-je? un membre isolé qui ne tient à rien, un homme sans place, un hors-d'œuvre regardé comme étranger dans mon propre pays. On y voit que je suis homme, mais on n'y sait quel homme je suis. Cependant les différentes parties de l'administration publique s'organisent; & tandis que la machine, se composant de ses diverses pièces, est prête à recevoir le mouvement, si je n'y participe, ne faut-il pas que j'en sois écrasé? O patrie! O mère tendre, si j'ai tout fait pour toi, ne serois-tu marâtre qu'envers moi seul. J'exerçois à Nismes la profession d'Avocat: le démembrement du Gevaudan & du Vivarais vient tarir la source de mes travaux. La renommée des ressources de la Capitale m'attire dans son sein; j'y épuise mes moyens pour y suivre le Barreau; mais une expérience de deux ans me prouve que les beaux jours d'*Athénes* & de *Rome* n'étoient plus. Mes pas se fatiguent dans le *labyrinthe* des loix, dans le *dédale* des formes; mon cœur s'attendrit sur le sort de tant de victimes, les unes dépouillées, les autres immolées sur l'autel de la justice, & ma fierté s'indigne de n'être que le courtisan & l'esclave d'un Procureur. Je passe en Hollande pour y suivre la carrière *des Aristotes*, *des Fénélons* : Heureux habitans, si le trop de richesses n'eût énervé le sentiment de leur liberté ; je vis trois ans avec eux, mais le François y devient un objet de réprobation, & sa naissance est un titre pour le dépouiller injustement. Je le suis, ... & je regagne ma patrie. Enrichi pendant mon absence d'un idiome étranger, de l'idiome que parlent les peuples de la *Grande-Bretagne*, pays d'où nous est venue *la liberté*. J'approprie à mes concitoyens divers Ouvrages (1) de ces Insulaires, les uns précieux au soulagement de l'humanité, les autres utiles en morale : pour cette fois la patrie me sourit. Je suis nommé *Professeur d'Anglois* à l'Ecole de Marine établie à Vannes. Je renonce au célibat, je redouble de travaux, je me rends utile dans ma patrie (2) ; mais un grand orage s'élève sur

(1) Discours sur les devoirs, les qualités & les connoissances du Médecin, par Grégory, Professeur à Edimbourg, 1 vol. *in*-8°. traduit de l'Anglois, & dédié à feu M. de Lassonne, premier Médecin du Roi. Observations sur les Hôpitaux, par Aikin.

La Connoissance de soi-même, traduit de l'Anglois.

Les Malheurs d'une guerre civile, traduit de l'Anglois.

(2) Je rédigeai un Vocabulaire de Marine, François & Anglois, qui eût l'approbation du Ministre. — Les frais d'impression furent à ma charge, & mon travail & mes peines pour le profit de M M. les Supérieurs Ecclésiastiques, car je

l'horiſon de la France ; & tandis que le ciel ſe couvre, que la foudre éclate, & que les vents grondent, voilà que des pirates cruels attaquent le vaiſſeau, François ! Quel ſera votre ſort ! ſi ces barbares vainqueurs l'entraînent ſur leurs côtes ; je me jette dans la mêlée, nous nous défendons avec vigueur ; graces à nos communs efforts (1), les pyrates fuient, & le vaiſſeau ſurgit au port de la liberté. Terre chérie, pourquoi faut-il que nous te trouvions hériſſée des ronces du préjugé, infectée des ſerpens du fanatiſme, & ſouillée de tant d'inſectes cruels & dévaſtateurs ? Courage citoyens, arrachez ces plantes voraces ; pour moi, convaincu que *l'homme n'eſt que le produit de ſon éducation*, je vais porter dans cette partie les fruits de mes recherches & de mon expérience (2) :

---

n'eus point été rembourſé de mes frais, ſans la vente que je fis à Breſt de 100 exemplaires. Cette ingratitude & cette injuſtice ne m'empêchèrent point de m'occuper de la traduction d'un Ouvrage ayant pour titre : *Les devoirs d'un Officier de Marine*, que j'ai en manuſcrit.

(1) Avant l'ouverture des Etats-Généraux, je publiai *La voix du Citoyen*, brochure *in*-8°. de 100 pages, imprimée à Paris.

(2) Je publiai un *Nouveau plan d'Education pour toutes les claſſes de Citoyens*, heureuſement avant l'inſurrection des Ecoliers de Vannes ; le Libraire de cette ville en avoit envoyé 250 exemplaires au ſieur Deſer de Maiſon-neuve, Libraire à Paris, rue du Foin Saint-Jacques.

mais, qui l'eût cru? Les siècles où furent persécutés les *Descartes* & les *Galilées* retrogradent. A *Vannes* en Bretagne, digne voisinage de *Tréguier*, le fanatisme & les préjugés font trembler; la raison & l'*ostracisme* le plus cruel devient ma récompense. Vannes! terre qui repousses les faveurs de la liberté, terre où viennent récemment de se faire entendre ces cris: *Vive la Noblesse, au diable le Tiers* (1). C'est m'avoir rendu à la vie que de m'avoir éloigné de tes murs; mais je n'en garderai pas davantage le silence sur les abus que tu recèles; & le plus révoltant de tous, c'est l'existence de ton Ecole de Marine, où l'Evêque & deux Ecclésiastiques agissent en despotes, où chaque élève est affublé d'un *scapulaire*, où les vies de *St. Ignace* & de *Ste. Anne* font leurs lectures ordinaires, où l'ordonnance du Prince est violée par la confusion des élèves & des pensionnaires, où l'on retient le salaire dû au travail (1), où toutes les punitions infligées aux enfans ne portent que sur une privation d'alimens & la confiscation des petites sommes destinées à leurs plaisirs, où leur santé dépérit, où leur caractère s'abâtardit, & où

(1) Ce même Maire qui avoit dédaigné de venir à mon secours, y a risqué d'être, à son tour, la victime d'une populace effrenée.

(2) Le Professeur de Dessin a instruit également les *pensionnaires* & les *élèves*, & il n'a point été payé.

la politesse & la bonne éducation qu'ils apportent de chez eux se change en rusticité, où enfin l'impôt public est grevé de 30 mille livres tous les ans pour les alimens de ces 60 élèves, sans compter la dépense de ceux des Ecoles d'*Alais* & de tant d'autres Ecoles, tandis que sur le total il n'en est peut-être pas *deux* dont les parens ne jouissent de 30 à 40 mille livres de rente ; écoles où il se fait des dépenses énormes pour les Examinateurs ambulans, les Inspecteurs, & pour l'instruction dont le fruit est si vain, ou du moins si peu apparent ; école où malgré que les privilèges soient supprimés depuis le 4 Août, on n'a cessé de recevoir des privilégiés, & où 14 élèves viennent récemment d'être admis dans la Marine toujours d'après l'ancien régime. Cependant *un Arrêt du 29 Mars dernier porte révocation des reglemens qui exigeoient des preuves de noblesse pour l'entrée dans les Maisons Royales, Ecoles militaires & d'éducation.* Mais de quelle utilité pour le Public cette révocation sera-t-elle, tant que ces Ecoles & Maisons existeront sur le même pied, tant qu'il dépendra du *Ministre de la Marine, de la Guerre, ou de tout autre Administrateur public*, d'y admettre qui il lui plaira ; tant que l'Examinateur de ces Ecoles sera à la nomination & aux gages de ces patrons, tant que les examens seront *privés*, & tant que le seul passage par ces Ecoles & par ces examens ouvrira à quelques-uns la voie aux Emplois militaires & la fermera à tous les autres, tant qu'il y aura enfin *des élèves alimentés* aux dépens de l'*impôt public*, & que cette faveur n'aura point pour base un défaut de moyens provenant de services rendus à la Patrie.

L'Etat est perdu, a dit un Auteur, lorsque chacun dit des affaires publiques : *Que m'importe* ? Celui-là au contraire est le mieux constitué, a observé *J. J. Rousseau*, où les affaires *publiques* l'emportent sur les affaires *privées*. S'il est donc vrai que c'est à l'intérêt que j'ai pris aux affaires publiques que je dois mes malheurs, vous ne permettrez pas, Nosseigneurs, que la chaîne s'en étende au point de m'accabler. Lorsqu'on agita dans votre Assemblée la question de savoir si les Prêtres devoient être les administrateurs des biens des pauvres. L'indigence, s'écria un de vos illustres Collègues (1), & vos cœurs applaudirent à ses sentimens : » L'indigence est un malheur politique que » la Nation doit prévenir & corriger par de bonnes » loix ; c'est une charge sociale que d'assister les » pauvres & les *malheureux* : il est du devoir sacré » de la Nation d'acquitter cette dette ; elle doit » s'en réserver le payement, & non pas le confier » à des volontés arbitraires & individuelles, qui » peuvent être égarées ou corrompues par des

(1) M. Rœderer.

» passions » ; si vous décrétâtes alors que *l'acquit de ce devoir* ne convenoit point aux ministres du ciel, le conférez-vous aujourd'hui aux ministres de la terre, & y a-t-il de droit plus fondé sur cet objet que le vôtre ? En effet, *que sont les dons patriotiques*? une impulsion donnée à la France par votre désintéressement, par votre exemple & votre générosité. Ah ! qu'il me soit permis de dire ici, Nosseigneurs, qu'en étant un des premiers à les solliciter moi-même dans mes écrits, je ne me serois point imaginé qu'en plaidant la cause de la patrie, je plaidois aussi la mienne propre. *Que sont les dons patriotiques ?* ne sont-ce pas les offrandes volontaires, les présens gratuits, les privations & les sacrifices de nos familles, de nos parens, de nos amis, de nos compatriotes, de nos concitoyens, des étrangers même pour venir aux secours de la patrie. Et qu'est-ce que la patrie à son tour, si ce n'est l'existence des citoyens qui la composent ? *Leur première destination* doit donc être le secours de ceux qui en sont dignes ; & mes écrits m'auroient-ils rendu coupable, ce que *votre Comité des rapports* n'a point jugé : A-t-il jamais pu l'être cet enfant venu au monde sous le plus heureux des signes ; *né le jour mémorable* où se tint cette *première Assemblée* qui arrêta le salut & la prospérité de l'empire. Sa naissance, disois-je, sera l'époque de la liberté & des fondemens de la félicité publique : a-t-elle pu jamais être coupable, cette tendre mère, qui entrant à peine dans ſon quatrième luſtre, après avoir donné un citoyen à l'Etat, n'a pas craint de recharger le fardeau pénible d'une ſeconde maternité en lui prodiguant ce lait précieux qui reſſerrant la tendreſſe maternelle & filiale par un double lien, promet de plus à la patrie un ſoldat fort & vigoureux. Mère trop infortunée, qui, défendue par de frêles murs qu'une troupe de cannibales s'efforçoit d'abattre, tenant ſon enfant entre les bras, & regardant ſon époux avec des yeux mouillés de larmes, eſt reſtée pendant trois heures comme ſuſpendue entre cette exiſtence douloureuſe & les preſſentimens d'une mort auſſi tragique que cruelle. Mère courageuſe qui, après avoir abandonné ſes foyers à la cupidité des uns, & les avoir partagés à vil prix, à l'impuiſſance des autres, bravant les rigueurs de l'hiver & le danger des routes, plus malheureuſe que la compagne d'*Enée*, n'eſt parvenue à remettre un fils entre les bras de ſon père que pour être abandonnée depuis près de ſix mois aux alarmes inſéparables de l'incertitude de leur ſort & pour porter avec un courage indicible le double fardeau & de l'enfant qu'elle allaite & d'un époux malade qu'elle a dû ſoigner (1). Et tel

(1) Depuis le 17 Janvier, jour de mon arrivée à Paris, ma ſanté a preſque toujours été dérangée, & depuis le mois de Mai, j'ai notamment gardé le lit pendant cinq ſemaines.

devoit néceſſairement être ſur lui l'effet d'alarmes ſi cruelles & de chagrins ſi cuiſans ; & le tems qui toujours eſt un remède à tous les maux fait-il autre choſe qu'aigrir & empirer ceux qui dérivent de la perte de nos biens & de notre état, ſur-tout lorſqu'elle n'a été provoquée ni par les déréglemens du cœur ni par ceux de l'eſprit. Auſſi, s'il étoit quelqu'un parmi vous, Noſſeigneurs, qui fût aſſez inſenſible pour vouloir fermer votre oreille à mes réclamations, ou endurcir votre cœur à mes plaintes, qu'il me ſoit permis de lui faire ſentir que ma cauſe, quoique celle d'un individu, n'en eſt pas moins la cauſe de la Nation. Le but de toute aſſociation politique n'eſt-il pas la conſervation & la proſpérité de ſes membres. Or, comment ſe conſerveveront-ils & proſpéreront ils ? Comment le mouvement de la machine aura-t-il lieu, s'il eſt un des points qui la compoſent qui ne puiſſe aboutir au centre commun ; & ſi de ce centre il ne part une force ſupérieure en état de défendre, ou s'il n'en découle des moyens efficaces pour protéger tout ce qui en fait partie. Ne nous ſommes-nous pas réunis tous pour la défenſe & l'avantage commun ; & tant que de mon côté j'aurai rempli les obligations qui me lient, pourrai-je être privé des avantages de cette union ? Si un grain de ſable, diſent les Philoſophes, venoit à s'anéantir, ſa diſparution rompant l'équilibre entraîneroit la diſſolution du globe. Si un membre de la Société réclamoit en vain l'éxécution du contrat fédératif, ne doit-on pas dire que de cela seul la Société cesseroit d'exister. Mais, transportons-nous pour un moment avant *la révolution* : Qu'eût fait *le ministère public* lorsqu'il auroit eu connoissance de l'attroupement, des menaces, des violences, des propos injurieux & des excès commis nuitamment chez moi par les écoliers de Vannes? A coup sûr il eût informé & sévi contre les coupables, leurs instigateurs, fauteurs & complices: Et qu'auroit fait à son tour le Tribunal du lieu sur ma demande en dommages, il n'auroit pu sans doute que m'en accorder de très-considérables. De plus, la force publique ayant dans un clin-d'œil fait tout rentrer dans l'ordre, mes foyers existeroient & je jouirois de mon état. Aujourd'hui donc que nous avons un Tribunal supérieur le plus étendu en pouvoir qui fut jamais; un Tribunal dont la mission est de régénérer l'empire, de réparer les torts publics & privés, un Tribunal d'une grande clémence envers les coupables, mais d'une grande justice envers ceux qu'on opprime, ce que d'autres Tribunaux auroient fait, puis-je douter d'un seul instant, que ce tribunal ne le fasse. Oui, Nosseigneurs, vous ferez plus encore, & ce en quoi votre *Sénat auguste* éclipse tous les Tribunaux, c'est que ses Décrets sont gratuits & irrévocables, c'est qu'en plaignant & en pardonnant à ceux qu'on a égaré, vous avez sçu, évoquant par votre exemple les bienfaits d'une Nation généreuſe, en compoſer le patrimoine de ceux qui ſouffrent. Auſſi, quand à ces quelques *vérités ſacrées* que j'ai remis ſous vos yeux, je l'ai fait, non dans l'idée qu'elles puſſent vous paroître problèmatiques, puiſqu'elles ſont votre ouvrage, mais parce que j'ai cru bon qu'elles fuſſent fréquemment rappellées à ces hommes pareſſeux ou d'une ſenſibilité bornée, qui n'apperçoivent d'autre mal dans l'Empire, que celui qu'ils reſſentent, comme ils ne connoiſſent d'autre bien que celui qui rejaillit ſur eux; parce que j'ai cru bon qu'elles ſe reproduiſent quelquefois, autant pour intimider le coupable oppreſſeur, que pour raſſurer & conſoler l'innocent opprimé.

TABLEAU des dépenses forcées que m'a occasionné mon départ de Vannes.

PERTE sur la vente de mes meubles, ceux qu'on a dû vendre nécessairement, consistant en lit de maître complet, un de domestique, armoires, glaces, tables, fauteuils, chaises, secrétaire, tablettes pour une bibliothèque; partie de livres vendus pour en éviter les frais de port : buffet, vaisselle, perte sur les réparations locales, & notamment perte absolue de quatre pièces tapissées en papier; frais de vente, &c. d'après le compte que j'en ai relevé, ci . . . 485 liv.

Frais de mon voyage de Vannes à Rennes, séjour de Rennes où j'attendois mon épouse, & voyage de Rennes à Paris, ci	154
Frais du voyage de mon epouse, deux mois après, avec un enfant de dix mois, ci	166
Frais de voiture & transport de mes effets, en linge, hardes, livres & papiers, &c.	110
TOTAL	915 liv.

De l'autre part, ci . . . 915 liv.

Impression de mon premier *Mémoire*, chez Madame la veuve Delaguette, distribué à l'Assemblée au nombre de 1000 exemplaires, trois feuilles *in*-8°. ci 240

Impression du second Mémoire, ci 216

Excédent de dépense au-delà de mes appointemens, calculés sur l'état d'un garçon, dans une petite ville où l'on devoit vivre à bon compte, & se procurer un surplus de revenu, par ses travaux extérieurs, & cependant dépense faite à Paris depuis cinq mois, pour mon entretien, celui d'une servante, ci . . . . .
de mon épouse, d'un enfant, & 400

TOTAL GÉNÉRAL . . 1771 liv.

Si à ces dépenses réelles & forcées on ajoute les autres pertes non moins sensibles, que j'ai faites à Vannes, savoir, sur l'instruction des *pensionnaires*, pendant deux ans sans être payé; sur la publication de plusieurs ouvrages que j'ai été contraint d'envoyer à Paris, & dont quelques exemplaires ont été la seule récompense; & de plus, sur l'envahissement de mon ouvrage sur l'*Éducation*, si on y ajoute la retenue de plus de 100 livres, dont mes appointemens ont été grèvés ; la dépenſe d'un loyer ſur lequel je ne comptois point, car on devoit me loger au College de Vannes ; la cherté des vivres, à cauſe des circonſtances, du manque de police, de l'inculture du ſol, & de la quantité de bouches oiſives ; les rigueurs de l'hiver de 1789, les dépenſes d'un ameublement, les frais de couches, de maladies, la perte du tems, la privation des circonſtances heureuſes que m'auroit offert le ſéjour de Paris pendant la *Révolution*, enfin, les dépenſes d'un nouvel aménagement, les intérêts des emprunts, la crainte des pourſuites des créanciers, les ports de lettres extraordinaires, & ſur-tout l'incertitude d'un état & d'un ſort à venir, ſera-t-il poſſible de regarder l'indemnité que je ſollicite, indépendamment du paiement de mes appointemens juſqu'à ce que je ſois remplacé, comme un palliatif à tant de maux.

Signé VERLAC.

BIBLIOTHEQUE

A PARIS, 1790.
De l'Imprimerie de CAILLEAU, l'un des Électeurs réunis au 14 Juillet 1789, rue Gallande.

BIBLIOTHEQUE NATIONALE DE FRANCE
3 7502 00973497 3

www.ingramcontent.com/pod-product-compliance
Ingram Content Group UK Ltd.
Pitfield, Milton Keynes, MK11 3LW, UK
UKHW031924260826
14628UKWH00003B/1403

9 782013 659840